Informationswissenschaft an der Freien Universität Berlin
Ein Fazit über 30 Jahre

**Herausgegeben von
Petra Schuck-Wersig**

Berlin, November 2000
FAI – Förderkreis Arbeitsbereich Informationswissenschaft
an der Freien Universität Berlin e.V.

Berichte aus der Sozialwissenschaft

Petra Schuck-Wersig (Hrsg.)

Informationswissenschaft an der Freien Universität Berlin

Ein Fazit über 30 Jahre

Shaker Verlag
Aachen 2000

Die Deutsche Bibliothek - CIP-Einheitsaufnahme

Informationswissenschaft an der Freien Universität Berlin : Ein Fazit über 30 Jahre / Petra Schuck-Wersig (Hrsg.).
Aachen : Shaker, 2000
 (Berichte aus der Sozialwissenschaft)

ISBN 3-8265-8187-3

Copyright Shaker Verlag 2000
Alle Rechte, auch das des auszugsweisen Nachdruckes, der auszugsweisen oder vollständigen Wiedergabe, der Speicherung in Datenverarbeitungsanlagen und der Übersetzung, vorbehalten.

Printed in Germany.

ISBN 3-8265-8187-3
ISSN 0945-0998

Shaker Verlag GmbH • Postfach 1290 • 52013 Aachen
Telefon: 02407 / 95 96 - 0 • Telefax: 02407 / 95 96 - 9
Internet: www.shaker.de • eMail: info@shaker.de

Inhalt

Gernot Wersig: Versuch einer Bilanz 7
Informationswissenschaft: Fach und Programm 7
Als universitäres Programm erfolgreich 8
Deutliche Außenwirkungen 10
Von der Dokumentation zur Informations- und Kommunikationstechnologie 11
„Informationsgesellschaft" und „Postmoderne" 13
Eine postmoderne Menschenwissenschaft zwischen den Stühlen 13
Warum oder was war schuld? 15
Irgendwo, irgendwann wird es nun neu beginnen 16

Chronik 19
Vorgeschichte 19

1966-1970	Entwurf: Aus dem Problem eine Wissenschaft machen 19
1971-1975	Grundsteinlegungen: Ordnungstheorie, Terminologie, Soziologie 25
1976-1981	Grundanlage: Informationssysteme als Symbiose von Mensch und Technologie 33
1982-1987	Paradigmenwechsel: Vom Informationssystem zum Zusammenhang von Handeln und Information 45
1988-1994	Ausfaltung: Organisation, Mobilität, Kultur, Wissen, Kommunikation 57
1995-2000	Konsolidierung der integrativen Kompetenz: Postmoderne Informationsgesellschaft, Wissensgesellschaft 73

Anhang
Kommentare von Absolventen des Faches 87

Gernot Wersig

Versuch einer Bilanz

Informationswissenschaft: Fach und Programm

1970 wurden erstmals Veranstaltungen eines Magisterhauptfaches „Informations- und Dokumentationswissenschaft" an der Freien Universität Berlin angeboten (das sich aus dem Fach „Dokumentation" seit 1966 entwickelt hatte), im Sommersemester 2000 wurden letztmals Veranstaltungen des Magisterhauptfaches „Informationswissenschaft" angeboten. Diese Publikation versucht, die Chronik und ausgewählte Beiträge dieses Faches nachzuzeichnen. Als demjenigen, der von den ersten Anfängen dieses Fach an der FU Berlin wesentlich mitgestaltet und über lange Zeit auch verantwortet hat, kommt es dem Verfasser zu, den Versuch einer Bilanz zu ziehen. Dies nicht nur, weil er sich selbst gegenüber eine gewisse Rechenschaft ablegen muß, sondern weil dies vor allem denjenigen geschuldet ist, die sich in ihrer akademischen Ausbildung und Karriere an dieses Fach gebunden haben, das nun nicht mehr existiert.

Zunächst einmal muß man allerdings daran erinnern, daß dies wohl ein sehr deutsches Herangehen an die Sache ist: In den angloamerikanischen Ländern orientiert man sich in den akademischen Qualifikationseinrichtungen ja nicht so sehr an „Fächern", sondern an Programmen – wenn dann ein Programm eingestellt wird, hat es vielleicht seinen Zweck erfüllt oder war nicht erfolgreich, aber es kommen andere Programme und mit ihnen geht es weiter. In Deutschland ist die akademische Bindung an ein Fach viel größer. Dies galt im Falle von „Informationswissenschaft" besonders: Sie entsteht zu einem Zeitpunkt, an dem die Universitäten noch nicht so deutlich auf eine Ausbildungsfunktion zugeschnitten werden, wie dies in heutigen Zeiten (in denen über Bachelor- und Master-Studiengänge der Programmgesichtspunkt auch immer deutlicher in den Vordergrund tritt) der Fall ist. Die Universitäten bildeten einen Bildungskanon ab, der sich in Fächern realisierte und die Informationswissenschaft versuchte, einen neuen Sektor in diesen Kanon einzubringen. Dieser mußte sich naturgemäß mit den anderen Sektoren auseinandersetzen.

Von daher war sowohl das Studium als auch alle Diskussionen um das akademische und praktische Selbstverständnis in diesem Studiengang immer – bis in die 90er Jahre – außerordentlich stark von dem Mythos des „Faches" geprägt, das sich nicht nur in einer pragmatischen Studienkonzeption realisieren mußte (was es aufgrund der äußeren Bedingungen in sehr wechselhafter Weise tat), sondern ein Selbstbewußtsein des Neuen, das es gegenüber den anderen darstellte, erarbeiten wollte. Daß Informationswissenschaft ein neues „Fach" darstellte, war vor allem eine interne Problematik: Als es seinerzeit um die Etablierung des Studiengangs ging, war für die FU wohl vordergründig nicht der Aspekt eines neuen Faches wesentlich, sondern der, daß Mittel von Seiten des Bundesministerium für Forschung und Technologie in Aussicht gestellt wurden, an die man aufgrund von Engagement einiger Mitglieder der Universität relativ einfach kommen könnte. So wurde um das Fach nicht wesentlich diskutiert (sieht man von der Namensgebung ab, bei der sich ein anderes Fach – aber als Fach eigentlich auch nicht, sondern nur über einen Fachvertreter – betroffen fühlte). Die härteste Diskussion um den Charakter des Faches hatte die Informationswissenschaft – in ganz Europa – nicht mit den etablierten Fächern zu führen (die kümmerten sich um diesen neuen Winzling kaum), sondern mit gar nicht unähnlich gelagerten Fällen: der Informatik, die ihrerseits ebenso ein Neuankömmling auf dem akademischen Parkett war (und jeden anderen Neuankömmling als Konkurrenten um die gleichen Mittel ansah), und der Bibliothekswissenschaft, die von den anderen Disziplinen nicht zur Kenntnis genommen wurde, weil ihr auch keine klassischen wissenschaftlichen Leistungsnachweise gelangen.

Als universitäres Programm erfolgreich

Man könnte einwenden - und ich habe das häufig genug getan -, daß die Frage nach dem Charakter des „Faches" Informationswissenschaft nachrangig gegenüber den Leistungen sei, die es zu erbringen galt. Im Nachhinein scheint aber die Frage des Faches mit der Einstellung des Programms ursächlich verknüpft zu sein. Verkürzt: Das Programm Informationswissenschaft artikuliert sich in einer Zeit, in der Fächer und nicht Programme die Regel sind. Es wird dann, als es eng wird in der Universität, als Programm eingestellt, weil es als Fach keine Akzeptanz gefunden hat.

Denn als Programm war die Informationswissenschaft an der FU Berlin erfolgreich:

- Seit Mitte der 70er Jahre wurde von der Universität so getan, als wäre die Informationswissenschaft ordentlich eingerichtet – also mit zwei oder drei Hochschullehrern und der entsprechenden Ausstattung. Dabei war es immer nur ein Hochschullehrer mit einer geringen Ausstattung, der Rest wurde über Lehraufträge realisiert. Durch diese kam dann ein Lehrangebot heraus, das der fiktiven Ausstattung entsprach und auch zu entsprechenden Studierendenzahlen nach der Kapazitätsverordnung führte. Diese studieren aber nicht nur, sondern wollen auch beraten, müssen geprüft und sollen organisiert werden. Das hat die Informationswissenschaft – zwar nicht klaglos, aber immerhin fast reibungslos – 20 Jahre lang durchgehalten. Keinem anderen Programm ist so etwas zugemutet worden.

- Während große Fächer etwa in den Naturwissenschaften zwar viel Geld kosteten, aber kaum nachgefragt wurden, war die Nachfrage der Studierwilligen nach dem Programm Informationswissenschaft sehr groß. Informationswissenschaft mußte schon sehr früh aufgrund der großen Nachfrage hochschulinterne Zulassungsbeschränkungen erlassen und hatte immer ein Mehrfaches der Studienplätze an Bewerbern. Dies gilt gemeinhin als Indikator einer realistischen Marktorientierung (in den USA hätte man aufgrund der hohen Nachfrage die Kapazitäten baldmöglichst erweitert).

- Die Nachfrage galt nicht nur dem Haupt- und Nebenfachprogramm Informationswissenschaft im Magisterstudiengang, sondern kam auch von den diversen Diplom-Studiengängen, die Nebenfachregelungen haben (Informatik, Soziologie, Geographie, Wirtschaftswissenschaften). Hier hat das Programm regelmäßig seine Beiträge geleistet, sogar bis in die Technische Universität Berlin hinein.

- Als eines der am schlechtesten ausgestatteten der über 50 Magisterhauptfächer der FU Berlin belegte das Fach in den Prüfungsstatistiken durchgängig etwa den Rang 20, trug also nicht unerheblich zu den Magister-Absolventenzahlen der FU Berlin bei.

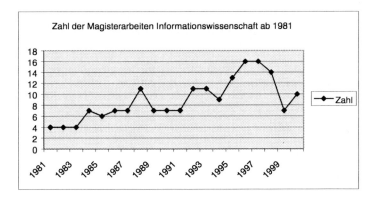

- Die Absolventen des Faches hatten/haben fast ausnahmslos gute Aussichten am Berufsmarkt. In den Berliner Einrichtungen der Fachinformation und Informationstechnik finden sich heute viele der Absolventen, dies gilt aber auch in vielen Einrichtungen der alten Bundesländer.

- Die vielfältigen Möglichkeiten, sich auch in die Handhabung der Informationstechniken einzugewöhnen führte dazu, daß das Programm bis in die Mitte der 90er Jahre nicht nur keine Probleme hatte, sachverständige Studentische Hilfskräfte zu gewinnen, sondern daß es auch für viele andere Einrichtungen der FU (bis hin zur Informatik) ein gern genutztes Reservoir Studentischer Hilfskräfte darstellte.

- Auch wenn das Personal (ein Hochschullehrer, ein wissenschaftlicher Mitarbeiter) mit den Lehraufgaben, zu denen die regelmäßige Betreuung von 20-25 Lehrbeauftragten gehörte, und den Prüfungsleistungen erheblich mehr belastet war als in den meisten anderen Programmen, konnte kontinuierlich nicht unbeträchtliche Drittmittelforschung eingeworben werden, die über die letzten 25 Jahre insgesamt einen Umfang von etwa 5 Mio. DM betragen haben dürften. Zu den Projektfinanzierern gehörte mit dem Bundesministerium für Forschung und Technologie, der Deutschen Forschungsgemeinschaft, der Volkswagen-Stiftung, der Robert Bosch Stiftung und der Gottlieb Daimler- und Carl Benz-Stiftung ein gutes Spektrum der wichtigen Forschungsförderer in der Bundesrepublik.

- Für ein sozialwissenschaftliches Fach hat die Informationswissenschaft an der FU sehr früh und durchaus erfolgreich die Kooperation mit der Privatwirtschaft gesucht, etwa in der Kooperation mit der Neef Kommunikations-Netzwerke Beratungs- und Planungs-GmbH, hat aber auch zu Spin Offs geführt, wie im Falle PROGRIS als eigene Ausgründung oder im Falle der Vision Factory als einer Gründung, die auf dem Lehrprogramm aufbaute.

- Aus dem Programm sind auch wesentliche Beiträge für die akademische Selbstverwaltung geleistet worden: Wersig war über weite Teile dieser 30 Jahre Mitglied der betreffenden Fachbereichsräte, war über vier Jahre Dekan des Fachbereichs Kommunikationswissenschaften, zweimal Geschäftsführender Direktor einer Wissenschaftlichen Einrichtung, über weite Strecken dieser Zeit Vorsitzender der unterschiedlichsten Prüfungsausschüsse, Vorsitzender bzw. Mitglied der Gemeinsamen Kommissionen, die die heute gültige Fassung der Magisterprüfungsordnung und der Promotionsordnung Dr.phil. erarbeiteten, Mitglied mehrerer zentraler Kommission (Bibliothekskommission, Entwicklungsplanungskommission).

- Schließlich hat das Programm auch wesentliche Beiträge zur Selbstergänzung der Hochschulen geleistet. Aus ihm sind bisher – neben Wersig – ein Universitätsprofessor (Gerhard Vowe) und mindestens sechs Fachhochschulprofessoren (Thomas Seeger, Ralf-Dirk Hennings, Stefan Grudowski, Wolfgang Ratzek, Jens Pätzmann, Achim Oßwald) hervorgegangen.

Deutliche Außenwirkungen

Dies ist sicherlich eine gute Bilanz: Das Programm hat unter widrigen Umständen nicht nur seine Arbeit gemacht, es hat sie auch gut gemacht und es hat seine Verpflichtungen der Universität gegenüber mehr als erfüllt. Es hat aber auch über diese Universität hinaus Beiträge geleistet und aus diesen Beiträgen zur fachlichen, wissenschaftlichen, aber auch praktischen Entwicklung haben sich auch immer wieder Schwerpunkte der Lehre ergeben, die den Studierenden auch den Eindruck vermittelten, daß sie in direktem Kontakt zur realen Entwicklung des betreffenden Praxisbereichs stehen. Einige besondere Beiträge seien hier erwähnt:

- Die Berliner Dokumentationsszene und dann später die Fachinformation sind durch das Fach wesentlich befruchtet worden. In den 60er Jahren war es vor allem Hans-Werner Schober, der viel dazu getan hat, daß sich ein besonderes Dokumentationsbewußtsein in Berlin ausbildete und organisatorisch verfestigte. Wersig hat dies in der zweiten Hälfte der 70er Jahre bis Anfang der 80er Jahre weitergeführt, etwa als Mitglied des entsprechenden Fachbeirats beim Senator für Wissenschaft und Kunst bzw. Wissenschaft und Forschung und im Berliner Arbeitskreis Information (in dessen Vorstand immer wieder einige Absolventen des Programms sitzen).

- Die nationale und internationale Normung in Fragen der Terminologiearbeit, der Entwicklung von Ordnungssystemen und anderen Hilfsmitteln ist bis Anfang der 80er Jahre ganz wesentlich von hier vorangetrieben worden. In diesem Bereich sind auch immer noch Fachabsolventen tätig.

- Die Terminologie der Information und Dokumentation – eine besonders wichtige Frage in der Phase der Neuorientierung der Praxis zu einem Zeitpunkt, in dem die Elektronische Datenverarbeitung eingeführt werden mußte, aber eine ebenso wichtige Frage für den Beginn der Arbeiten an einem wissenschaftlichen Paradigma – ist in den 70er Jahren aus dem Programm national (etwa in der Deutschen Gesellschaft für Dokumentation) und international (ISO, Unesco) vorangetrieben worden.

- Die Fragen der Ausbildung und Berufsbildformierung im gesamten Bereich der Informationstätigkeit stand in den 70er Jahren im Vordergrund der Arbeiten, zunächst international durch die Beiträge zum Komitee Education and Training des internationalen Fachverbandes FID, dann in der zweiten Hälfte der 70er Jahre insbesondere durch das den gesamten Bereich überspannende Forschungsprojekt „Integrierte Ausbildungskonzeption für den Tätigkeitsbereich Bibliothek, Information, Dokumentation (FIABID)". Dessen Ergebnisse haben eine recht angespannte Diskussion beendet: Es stellte fest, daß auf absehbare Zeit hinaus auf der Fachhochschulebene die verschiedenen Teilprofessionen noch getrennt zu behandeln seien, diese aber eine „Dachwissenschaft" auf universitärer Ebene bräuchten. Die ist bis heute so geblieben und tatsächlich hat ja die Informationswissenschaft gerade den Fachhochschulen wichtige Zuarbeit leisten können. In den 90er Jahren konnten diese Erfahrungen dann für den Bereich der Museumskunde an der Fachhochschule für Technik und Wirtschaft nutzbar gemacht werden.

- Ebenfalls in den 70er Jahren sind aus dem Programm wichtige Impulse zum Zusammenhang von Entwicklungshilfe und Dokumentations- bzw. Informationsaktivitäten gekommen (insbesondere im Kontext der Ausbildungsprogramme der Deutschen Stiftung für Internationale Entwicklung in Ostafrika).

- Die Entwicklung des Bundesförderungsprogramms Information und Dokumentation sowie der nachfolgenden Fachinformationsförderung bis in die 80er Jahre wurde wesentlich von Seiten des Programms mitgestaltet (mit Wersig als Mitglied der Arbeitsgruppe, die das Programm vorbereitete, als Mitglied verschiedener Kommissionen beim Bundesminister für Forschung und Technologie und als Delegierter in einer Ausbildungsarbeitsgruppe bei der Kommission der Europäischen Gemeinschaften). Impulse konnten auch gegeben werden für die Erarbeitung fachinformationspolitischer Konzeptionen in Österreich Anfang der 80er Jahre.

- An der Entwicklung des fachlichen und professionellen Selbstverständnisses der deutschen Information und Dokumentation konnte von Seiten des Programms wesentlich mitgearbeitet werden (etwa durch langjährige Vorstandstätigkeit von Wersig bei der Deutschen Gesellschaft für Dokumentation und des Vereins Deutscher Dokumentare).

Von der Dokumentation zur Informations- und Kommunikationstechnologie

Das Projekt FIABID stellte dann eine erste wesentliche Weichenstellung in zweifacher Hinsicht:

- Es verdeutlichte, daß es auf universitärer Ebene ein Bedürfnis nach einem wissenschaftlichen Fach gab, das über alle Bereiche des Informationswesens hinweg die sozialwissenschaftlichen und kommunikationstheoretischen Grundlagen der „Information" entwickeln will und an die Kontexte anderer Disziplinen, die ebenfalls mit diesen Prozessen befaßt sind, anzuschließen versucht. Die 1971 in der „Informationssoziologie" vage formulierte Idee einer Wissenschaft von der Informationsgesellschaft erwies sich nunmehr als ein Desiderat.

- Diese Wissenschaft würde sich notwendigerweise mit allen Technologien, die in diese Prozesse intervenieren, befassen müssen und zwar vordringlich unter der Fragestellung, wie sich diese Technologien für die Menschen, um deren Information es geht, einsetzen lassen.

Auf die Entwicklung dieser Grundlagen wollte sich das Programm fortan konzentrieren, von daher mußten die bis dahin dominierenden doch sehr auf die fachliche Praxis bezogenen Aktivitäten und Beiträge reduziert werden. Das anschließende Projekt „Methodeninstrumentarium der Benutzerforschung" stellte dann die Weichen für einen Paradigmenwechsel, der 1982 im Projekt „Informationssysteme als informationspolitisches Gestaltungspotential und gesellschaftliche Entwicklungsstrategie Informationswissenschaftliche Grundlagen organisierter Information und Kommunikation als Komponenten individueller und gesellschaftlicher Problembewältigung (INSTRAT)" in der Schrift „Information und Handeln" angelegt wurde: War „Dokumentation" noch davon ausgegangen, daß Wissen in Dokumenten niedergelegt wurde und diese Dokumente so erschlossen werden müssen, daß der Zugriff auf dieses Wissen möglich ist, mußte für Informationswissenschaft der entgegengesetzte Ausgangspunkt angenommen werden: Menschen brauchen zur Rationalisierung des Handelns Wissen, das für das Handeln in Information umgesetzt wird. Für die Zuführung dieses Wissens bzw. den Zugang zu diesem Wissen gibt es viele Alternativen, bei denen die neueren Informations- und Kommunikationstechnologien eine zentrale Rolle spielen.

Konsequenterweise rücken seit dem Ende der 80er Jahre die technischen Entwicklungen, die die Informationssituation von Menschen beeinflussen in den Vordergrund und es ergibt sich für das Programm Informationswissenschaft eine -- wahrscheinlich für die Außenstehenden ganz verwirrende – Notwendigkeit: Immer dann, wenn sich technische Neuerungen andeuten, diese einerseits auf ihre Eignung zu explorieren, andererseits dazu beizutragen – auch durch frühzeitige Bereitstellung von entsprechend vorbereiteten Fachleuten – , daß diese möglichst so weiterentwickelt und in die gesellschaftliche Realität eingeführt werden, daß Menschen von ihnen möglichst wenig eingeschränkt werden und sie sie als Menschen optimal nutzen können. Diese führte zu immer neuen technischen Schwerpunkten: Bildschirmtext, Büro-Kommunikation, Künstliche Intelligenz, Desk Top Publishing, optische Speicherplatten, Kommunikations-Netzwerke, Multimedia, Internet (etwa in dieser Abfolge).

Diese Diskussion - die in der ersten Hälfte der 80er Jahre bundesweit unter dem Topos der „Technikfolgenabschätzung (TA)" geführt wurde - ist von Seiten der FU-Informationswissenschaft ebenso beeinflußt worden, wie die Selbstverständnisdiskussion der bundesdeutschen Informationswissenschaft, die sich erst von dem Dokumentations-Paradigma lösen mußte. Die TA-Diskussion flaute bald ab aus einer Reihe von Gründen: Sie war politisch wenig gewünscht, sie blieb auch weitgehend blaß, solange sie sich auf einzelne Techniken bezog (etwa deutlich an den Begleitforschungen), sie verfügte über keine zukunftsorientierten Wandlungsmodelle. Vor allem aber wurde sie überrannt von der Vielfalt der unterschiedlichen technischen Neuerungen, die ab der Mitte der 80er Jahre auf die Märkte drängten, die den Charakter einer „kommunikativen Revolution" annahmen (so der Titel eines kaum beachteten Buches von 1985).

Dies wurde notwendigerweise zu einem der Schwerpunkte der mit den Technologien mitwandernden Informationswissenschaft. Diese konnte und wollte sich nicht darauf beschränken, einzelne Technologien zu betrachten – zu schnell veränderten sich die Technologien selber und schufen eine neue Situation in mindestens zweifacher Hinsicht: War bisher im Informations- und Kommunikationsbereich die Auswirkungen einer neuen Technologie im wesentlichen daran erkennbar, wie sie auf die existierenden Technologien und deren Nutzung einwirkte, wurden nunmehr „neue" Technologien auf die Märkte gebracht, die nicht mehr nur mit den „alten" konkurrierten sondern auch mit sich selbst. Die Technologien waren darüberhinaus nicht unabhängig voneinander: Informationstechnologien wirkten nicht nur direkt (als Rationalisierung ersten Grades), sondern auch indem sie existierende Technologien in neue Dimensionen der Leistungsfähigkeit führten (sie „intelligenter" machten, die Rationalisierung zweiten Grades), Kommunikationstechnologien führten zur Verbindung bisher unverbundener Technologien und hoben diese damit auf ein neues Niveau.

„Informationsgesellschaft" und „Postmoderne"

Da Technologien nie unabhängig vom gesellschaftlichen und kulturellen Kontext sind, stellte sich bald heraus, daß die Situation der neuen Informations- und Kommunikationstechnologien nur dadurch einzuordnen war, daß der Gesamtkontext des gesellschaftlichen Wandels, der mit dem Schlagwort der „Postmoderne-Diskussion" angesprochen wurde, zu betrachten war. Die in der Moderne wirkenden Triebkräfte – wie Individualisierung, Rationalisierung, Technisierung, Pluralisierung, Flexibilisierung – erreichen in den 90er Jahren ein neues Niveau. Diesem Niveau korrespondieren die Eigenschaften der neuen Informations- und Kommunikations-technologien. Die in der „Postmoderne" zunehmende „Komplexität der Informationsgesellschaft" (so der Titel eines Sammelbandes, der einen Teil dieser Gedankenentwicklung 1996 nachzeichnet) erfordert Techniken und Technologien der Komplexitätsreduktion – und eben diese Techniken und Technologien sind das Objekt von Informationswissenschaft. Es schälte sich heraus, daß der Schritt von der in immer zunehmendem Maße Daten und Informationen bereitstellenden „Informationsgesellschaft", mit ihren von vielen Seiten bemerkten Unsicherheiten, Ungewißheiten und Orientierungsproblemen, zur „Wissensgesellschaft" durch Reduktion dieser Komplexitäten zu „Wissen" und damit zu einer „Wissensgesellschaft" das Thema der Informationswissenschaft hätte sein können. Diese postmoderne Thematik erforderte ihrerseits eine den Zügen dieser Postmoderne entsprechende postmoderne Wissenschaft. Der Vortrag 1991 in Tampere, der diesen Gedankengang thematisierte, wurde international gut aufgenommen.

Die Technologien, die da neu auf den Markt kommen, haben aber auch eine neue mediale Charakteristik: War die Moderne medial durch die Linearität und Diskretheit des Drucks gekennzeichnet (die „Gutenberg-Galaxis"), sind die neuen Technologien überwiegend visuell, d.h. bildlich und damit aus Sicht der Menschen zutiefst analog (auch wenn die Bilder immer mehr digitalisiert werden). Die Bilder manifestieren sich ausschnitthaft in Bildschirmen und als sekundäre Weltrepräsentationen. Dies kann nicht ohne Auswirkungen auf vordergründig die Formen des Sehens, untergründig aber auf die Formen der Welterfahrung und Wirklichkeitserfassung ausbleiben. Die Visuelle Kommunikation (und darin die Museen als die Instanzen, die der technischen Bildschirmdarstellung Objekte, denen man sich im Raum begegnend nähern muß, entgegenstellen) bildete daher eine zentrale Herausforderung, die die gewachsene Kultur, die zentral eine Schriftkultur war, verändern mußte. Verkürzt: Der „Informationsgesellschaft" muß eine „Informationskultur" entgegengestellt werden, ein Konzept, das bereits seit der zweiten Hälfte der 80er Jahre thematisiert wurde.

Eine postmoderne Menschenwissenschaft zwischen den Stühlen

Diese Gedankengänge waren eine Konsequenz des Anfang der 80er Jahre herausgearbeiteten Paradigmas der Arbeit der Berliner Informationswissenschaft: Die Menschen stehen diesen Entwicklungen gegenüber (die sie mit verursachen) und die Zielrichtung des Fragens ist immer, wie sie mit diesen Veränderungen fertig werden können. Insofern hat die Informationswissenschaft früher und vielleicht radikaler als vielerorts die Soziologie die Forderung von Norbert Elias nach einer „Menschenwissenschaft" aufgenommen. Eine Menschenwissenschaft konnte sich nicht um die Grenzen dieser Disziplinen kümmern, die die Welt und die Menschen in getrennte, isolierte Fragestellungen zerlegen. Die Methodik der Informationswissenschaft war im Gegenteil zwangsläufig dazu verdammt, aus allen Disziplinen die Anregungen aufzunehmen, die dieser Menschenperspektive dienlich waren. Die Physiologie des Sehens war von daher für manche Fragen ebenso wichtig wie die Evolution des Gehirns, die

Ökonomie von Kultureinrichtungen spielte ebenso eine Rolle wie die Strukturen des Freizeithandelns, die Mobilität in Städten konnte ebenso ein Thema sein, wie die menschlichen Barrieren gegenüber Intranets, die sozialwissenschaftlichen Methoden waren ebenso wichtig wie die Verfahren der Zukunftsforschung, das Leib-Körper-Problem war uns ebenso lieb wie die Gesellschaftstheorien von Habermas und Luhmann. Die Informationswissenschaft mußte so versuchen, die Brücke zu schlagen zwischen den neuen Technologien und den gleichbleibenden Menschen – sie wurde so etwas wie eine „Brückenwissenschaft".

Das war vielleicht interdisziplinär oder transdisziplinär, aber nicht in dem Sinne, in dem dies immer in der wissenschaftlichen Diskussion verstanden wird, nämlich daß sich Vertreter unterschiedlicher Disziplinen zusammensetzen und entsetzlich viel Reibungsenergie verbrauchen, um sich gegenseitig zu überzeugen, daß ihre jeweilige Perspektive richtiger sei, sondern eher in dem Sinne, daß in einzelnen Personen oder kleinen Gruppen Ansätze verschiedener Disziplinen gemischt wurden, um zu einer Frage eine oder mehrere passende Antworten zu finden. Die Metapher, die dieser Herangehensweise am ehesten entsprach war die eines Faches, das gewissermaßen „zwischen den Stühlen" sitzt und versucht, in diesem Niemandsland erste Orientierungsmuster zu legen. „Brücke" und „Zwischen den Stühlen" markieren den Widerspruch, mit dem sich die Informationswissenschaft abfinden mußte, den auch diejenigen, die den sicheren Boden der Technik oder der Geisteswissenschaften vorzogen, nie begriffen haben.

Natürlich ist dies der Hintergrund, der bei gelegentlichen Reflektionen darüber, was man da eigentlich tut, bemerkbar wurde, die Studenten wurden nur selten damit belästigt. Ihnen wurde einfach diese Mischung angeboten, die darin bestand, daß sie auf der einen Seite die Techniken kennen und so weit es eben geht beherrschen sollten, auf der anderen Seite dazu veranlaßt werden sollten, darüber nachzudenken und sich mit theoretisch-methodischem Rüstzeug zu versehen, wie denn Menschen, Kultur, Gesellschaft auf diese Techniken reagieren, wie sie damit umgehen können, wie die Technik (und ihre Markteinführung) zu gestalten sei, um den Menschen gerecht zu werden, wie Widerstandskräfte bei den Menschen oder in der Gesellschaft gegen inhumane oder zu beschleunigte Veränderungen unterstützt werden könnten.

Dabei war es offensichtlich problematisch, daß das Fach keine entschiedene Pro- oder Kontra-Position einnahm, sondern die eines entschiedenen „Sowohl – Als Auch". Die Informations- und Kommunikationstechnologien sind ein Teil der Probleme, mit denen Menschen und Gesellschaften in diesen Zeiten zu kämpfen haben, aber wir als Menschen haben sie erfunden, weil wir ihre Leistungen haben wollen, um die Triebkräfte der Individualisierung, Pluralisierung etc. weiterzuentwickeln. Also macht es keinen Sinn sie zu bekämpfen, sondern wir müssen lernen, mit ihnen aktiv umzugehen. Das erfordert einerseits gute Kenntnisse der Technik selber, andererseits aber auch gute Kenntnisse der Menschen, die damit zu tun haben. Ein weiterer Widerspruch verschärft die Sache: Die Probleme, denen wir gegenüberstehen, können auch nur mit Hilfe dieser Technologien bewältigt werden. Dazu muß man aus der Sicht der Menschen und ihrer Problemlagen die problembewältigenden Potentiale der Technologien entdecken und kreativ weiterentwickeln. Eine wesentliche Voraussetzung dieser Position ist, daß wir es hier häufig genug mit Problemen von der Sorte zu tun haben, für die der wunderbare Spruch von Odo Marquard gilt „Es existieren menschliche Probleme, bei denen es gegenmenschlich, also ein Lebenskunstfehler wäre, sie nicht zu haben, und übermenschlich, also ein Lebenskunstfehler, sie zu lösen." Viele dieser Probleme lassen sich nicht einfach „lösen", sondern es geht darum, sie – pragmatisch – zu bewältigen (oder im idealen Fall sie zu vermeiden).

Mit derartigen Grundeinstellungen war sicherlich keine Aufmerksamkeit zu gewinnen in einer Zeit, in der Aufmerksamkeit der Öffentlichkeit nur durch spektakulär einseitige und möglichst unsinnige (und dadurch im Sinne von Luhmann besonders „irritierende") Positionen zu erzielen ist, in der politisch Situationen erst dann wahrgenommen werden, wenn man sie zu „Problemen" erheben kann, die man dann mit großem Getöse versucht irgendwie zu lösen, in der die Universitäten in eine Situation gebracht worden sind, in der man sie nur dann wahrnimmt, wenn sie irgendwelche Sensationen (entweder als Skandale oder als herausragende Neuberufungen) produzieren. Die Positionierung eines Faches zwischen den Stühlen, im Reich des Sowohl – Als auch, in der pragmatischen Problembewältigung und der Anerkennung der postmodernen Widersprüchlichkeiten wurde mit Sicherheit nicht wahrgenommen und wenn, dann eher spöttisch im Kontrast zu den Giganten der Zulieferer der Informationstechnik, der Großunternehmen, der Medien. Ein Programm, das hier einerseits nicht dem Mainstream folgte und andererseits nicht den bildungsbürgerlichen Kulturschutzfaktor der sprach- oder kulturwissenschaftlichen „Kleinen Fächer" besaß, hatte offensichtlich wenig Chancen in stürmischen Zeiten. Allerdings hat man ihr die auch in relativ friedlichen Zeiten nicht gegeben.

Warum oder was war schuld?

Wenn man sich fragt, weshalb sich denn diese Informationswissenschaft nicht als Programm hat erhalten lassen, kann man als eindeutige Kausalhintergründe wohl ausschließen, daß es als Programm nicht erfolgreich und als wissenschaftlicher Ansatz nicht zu rechtfertigen war. Man kann die Hypothese verfolgen, daß es an einzelnen historischen Personen lag, die einen dauerhaften Erfolg verhindert haben – man könnte etwa an einen Minister denken, der um eines kurzfristigen Bund-Länder-Effekts die bundesweite Etablierung erheblich behinderte, oder an einen Universitätspräsidenten, der als harter Jurist das Technikproblem nicht sah, oder einen anderen Universitätspräsidenten, der sich mehr bunte Öffentlichkeitswirksamkeit mit einer Filmwissenschaft versprach. Aber diese Personen haben ja nicht allein entschieden, sondern waren immer von einem Kranz von Beratern oder Gremien umgeben, die zum Teil sogar sachverständig waren. Man könnte auch einwenden, daß das Programm vielleicht an der falschen Universität plaziert wurde, aber sicher wären die Universitäten, an denen sich kein Interesse an einem solchen Programm etablierte, dann noch falscher gewesen und die wenigen Beispiele anderer deutschsprachiger Universitäten, an denen sich Informationswissenschaft artikulierte, sprechen auch nicht dafür, daß ein bestimmter falscher Ort ausschlaggebend war.

Bleibt als Hypothese, nachdem Personen und Orte als nicht ausschlaggebend angesehen werden müssen, die Zeit. Die Informationswissenschaft hat sich zu einer Zeit artikuliert, in der man von außen für sie keine Notwendigkeit sah. Das wurde schon in ihren Anfängen als sie eigentlich eine Dokumentations- oder später Retrievalwissenschaft war, deutlich. Die wissenschaftlichen Erkenntnisse, die man damals gewann (etwa in den Bereichen Ordnungssysteme oder Benutzerforschung), kümmerten die entsprechende Praxis überhaupt nicht. Sie machte das, was sie für richtig hielt, und nahm dafür in Kauf, in Marginalpositionen zu verbleiben. Auch die Informatik, die sich mit den technischen Hilfsmitteln befaßte, nahm das nicht zur Kenntnis, sondern verfolgte mehrere Jahrzehnte lang rein technische Lösungswege (auch in diesem Bereich wie im Schachspiel eher mit „brute force"-Methoden), erst derzeit beginnt sie, die methodischen Ansätze der Informationswissenschaft der 70er Jahre neu zu erfinden. Die Forschungsförderungspolitik hielt sie für überflüssig, weil sie sich an den Märkten orientieren wollte und für diese glaubte man in den Wirtschaftswissenschaften und den Unternehmensberatern genug Sachverstand zu haben.

Die Universitäten nahmen sie nicht zur Kenntnis, weil sie in ihrem Kern uninnovativ strukturiert sind. Das beginnt mit dem – für die tägliche Arbeit ungeheuer wichtigen – Prinzip der Besitzstandswahrung, setzt sich fort in den Gremien, die unvermeidlicherweise von den großen fachlichen oder politischen Blöcken beherrscht werden und von daher Gewichtswahrung betreiben, es gilt aber auch für die klassischen Disziplinen, in denen Zukunft – wenn überhaupt – als die Zukunft im Fenster der Fragestellungen der eigenen Disziplin erscheint, als Standpunktwahrung. An diesen Begrenzungen kann nur gelegentlich das Spektakuläre, das die Informationswissenschaft nicht sein wollte, etwas modifizieren.

Irgendwo, irgendwann wird es nun neu beginnen

Es bleiben zwei tröstende Aspekte:

- Die Einstellung des Programms Informationswissenschaft findet statt in einer Zeit, in der plötzlich ein starker Personalmangel im IT-Bereich deutlich wird – es entsteht ein Problem, das in moderner Manier mit einer „Lösung" angegangen werden soll („Green Card", kleinrahmige und kurzfristige Förderprogramme, die da angelagert werden, wo Aufsehen erregt werden kann). Wer sich anschaut, was für Personal gesucht wird, stellt fest, daß in zunehmendem Maße nicht mehr diejenigen gesucht werden, deren Fehlen nach außen hin proklamiert wird - Informatiker -, sondern Personen, die die Technik auf die Märkte und die Menschen einstellen können. Das Programm Informationswissenschaft hat genau dies versucht, allerdings zu einer Zeit, in der man zwar dieses Personal hätte ausbilden können, damit es heute verfügbar ist, als aber noch niemand (außer ihm selbst) dieses Problem gesehen hat. Man wird also Programme, die viel von den Ansätzen der Informationswissenschaft aufnehmen dürften, in der nächsten Zeit entwickeln müssen, um den Anforderungen der neuen Märkte zu entsprechen. Die Freie Universität wird es vielleicht nicht einmal merken, daß sie ein derartiges Programm gehabt und aufgegeben hat – und wenn, dann wird sie dies schnell ignorieren, wie das in ihr so üblich ist.

- Der Ansatz des Faches Informationswissenschaft, der hier entwickelt wurde, ist nach wie vor wichtig. Mit der beginnenden Diskussion um die „Wissensgesellschaft", die nicht mehr nur als rein technik- und kommerzhörige „Informationsgesellschaft" begriffen werden will, werden die Fragestellungen nach der Einbindung der Entwicklungen in die Postmoderne-Diskussion (so ist einer der wichtigsten Autoren dieser Diskussion Antony Giddens auch Berater von Tony Blair), die Bereitstellung entsprechender Schnittstellen zur Gesellschaftstheorie, die Entwicklung informationskultureller Konzepte immer wichtiger. Die Entkrampfung der Diskussion um die „neuen Medien" und „Bilderwelten" wird immer notwendiger. An vielen Stellen artikulieren sich auch zunehmend Konzepte, die in die Richtung weisen, aber noch nicht in Form von Fächern oder Programmen gebündelt werden. Dazu gehören die Wiederentdeckung Montaignes und des Kandinsky-,,und" (etwa durch Ulrich Beck 1993), die Postmoderne-Beiträge von Zygmunt Bauman, der Skeptizismus Odo Marquarts, die aus dem Internet selbst kommenden Stimmen der zwiespältigen Vernunft (etwa Thomas Valovic). Es wird sich so etwas wie eine Menschenwissenschaft der Informations-/Wissensgesellschaft entwickeln, sicherlich unter einem anderen Namen, in anderen Kontexten als sie die Informationswissenschaft gesucht haben. Das hätte von der Freien Universität Berlin aus gefördert, möglicherweise fokussiert werden können. Aber dazu hat sie nicht den nötigen Weitblick aufgebracht. Wahrscheinlich ist ihr (bzw. ihren Repräsentanten) das auch egal.

Es ist ein besonderes Anliegen, all denjenigen, die das Fach und Programm über 40 Jahre begleitet und unterstützt haben – Studierende, Absolventen, Lehrbeauftragte, Förderer, Partner – besonders herzlich zu danken für ihre Beiträge. Bei allen von uns sind mit Sicherheit Erfahrungen und Wissensbestände entstanden, die nicht dadurch wertlos werden, weil das Programm und Fach von der Sache her zur richtigen, aber von den Umständen her zur falschen Zeit angegangen wurden. Vielleicht gelingt es beiden, in der entsprechenden Wissenschaftsgeschichte eine Fußnote zu werden und das war es dann. Aber so ist das eben: Auch wer zu früh kommt, den bestraft das Leben.

CHRONIK

Vorgeschichte

Der schwer kriegsversehrte Hans-Werner Schober lernt im Nachkriegsberlin Prof. Emil Dovifat kennen, der bei der Gründung der Freien Universität Berlin das Institut für Publizistik begründet. Das wissenschaftliche Mangelerlebnis dieser Zeit ist die wissenschaftliche Literatur - viele Bibliotheken und Bestände sind im Krieg zerstört worden. Der Technologie der Reprographie kommt in dieser Situation ebenso große Bedeutung zu wie der zielgerichteten Identifikation von Quellen.

Schober führt diese Problembereiche in seiner Dissertation 1954 „Dokumentation von Zeitschriften" zusammen, in der neben methodischen Problemen die Möglichkeiten des Adrema-Systems zur Vervielfältigung von Karteikarten eine zentrale Rolle spielt. Schober unterstützt aktiv und tatkräftig die Bestrebungen, Dokumentation in Berlin praktisch umzusetzen (etwa bei der Bundesanstalt für Materialprüfung und durch Gründung des Berliner Arbeitskreises für Dokumentation, der wesentlich von der Technischen Universität unterstützt wird). Er hält gelegentlich Lehrveranstaltungen an der FU Berlin ab, vorzugsweise im Fach Bibliothekswissenschaft (das seine Existenz vor allem dem Bemühen verdankt, den Direktor der Universitätsbibliothek den anderen Professoren gleichzustellen).

1966-1970 Entwurf: Aus dem Problem eine Wissenschaft machen

Schobers Verdienste um die Modernisierung der bibliothekarischen Ausbildung (im Kontext der Berliner Bibliothekarakademie) und um den Aufbau von Dokumentation in Berlin werden 1966 mit der Verleihung einer Honorarprofessur für „Dokumentation" und der damit verbundenen Etablierung eines eigenen Faches (als Nebenfach im sehr langsam anlaufenden Magisterstudium) in der Philosophischen Fakultät anerkannt. Außer einigen Lehraufträgen, die z.T. gemeinsam mit der Bibliothekswissenschaft geführt werden, wurde das Fach aber nicht ausgestattet. Besonderes Interesse finden die Lehrveranstaltungen im Zusammenhang des Aufbaus des „publizistikwissenschaftlichen referate-dienstes" (prd) ab 1965 durch die Studentischen Hilfskräfte Ulrich Neveling und Gernot Wersig.

Zeitlich zusammen mit dem Neubau des Klinikums Steglitz der Freien Universität Berlin wurde der Lehrstuhl für medizinische Statistik neu besetzt und erweitert um medizinische Dokumentation (unter der vor allem die Bemühungen um die Dokumentation von Patientendaten verstanden wurde). Prof. Dr. Dr. Günther Fuchs suchte für diesen Bereich, der nicht sein Fachgebiet war, einen wissenschaftlichen Mitarbeiter (damals Assistent). Dies wurde ab 1.1.1968 Gernot Wersig, M.A.. Fuchs vereinbarte eine Zusammenarbeit mit Schober, bei der Wersig teilweise als Wissenschaftlicher Mitarbeiter für Schober fungierte.

Um das Fach „Dokumentation" auf eine realistische Grundlage zu stellen, griffen Schober und Wersig 1968 die gerade aus den USA nach Deutschland kommende Diskussion um eine „information science" auf und publizierten den ersten Artikel (in der Bundesrepublik) mit der Forderung nach einer „Informations- und Dokumentationswissenschaft". Diesem Namensvorschlag lagen zwei Faktoren zugrunde: Zum einen hatte Koblitz in der DDR soeben diesen Namen vorgeschlagen und es lag gerade in Berlin eine gesamtdeutsche terminologische Angleichung nahe, zum anderen widersetzte sich der Psychologe Prof. Hörmann in der Fakultät einem Namen „Informationswissenschaft", weil er der Auffassung war, er betreibe mit seiner informationstheoretisch inspirierten Sprachpsychologie ebenfalls Informationswissenschaft.

1969 tritt in Berlin ein neues Hochschulgesetz in Kraft und erfordert die Umgestaltung der Universität. Das Fach Dokumentation nimmt an den Diskussionen aktiv teil und engagiert sich für die Gründung des Fachbereichs 11 „Philosophie und Sozialwissenschaften". Mit der Neugliederung der Institute wird es auf eigenen Wunsch mit der Publizistik zusammengelegt, der Name „Institut für Publizistik- und Dokumentationswissenschaft" ist eine Kreation irgendeines universitären Beratungsgremiums.

Wersig engagiert sich von diesem Zeitpunkt an stark in der nationalen und internationalen Informations- und Dokumentationsszene und wird ab 1969/70 an internationalen Ausbildungsprogrammen (Uganda, später Kenia) und Kongressen (Buenos Aires) beteiligt.

PERSONEN	PROFESSOR: Hon. Prof. Dr. Hans-Werner Schober
	WISSENSCHAFTLICHER MITARBEITER: Gernot Wersig (am Institut für medizinische Statistik und Dokumentation, Klinikum Steglitz, teilweise freigestellt zur Unterstützung von Prof. Schober)

THEORIE

LEHR-BEAUFTRAGTE	-
AUSGEWÄHLTE LEHRVERANSTALTUNGEN	Dokumentation als wissenschaftliche und organisatorische Aufgabe ❖ Aktuelle Probleme der Dokumentation
ABSCHLUSSARBEITEN	-
AUSGEWÄHLTE PROJEKTE	-
AUSGEWÄHLTE PUBLIKATIONEN	*Hans-Werner Schober, Gernot Wersig*: Informations- und Dokumentationswissenschaft. Ein Diskussionsbeitrag und theoretischer Ausblick. In: Nachrichten für Dokumentation, Jg. 19/Nr. 4/1968, S. 116-124, abgedruckt in: P. R. Frank (Hrsg.): Von der Systematischen Bibliographie zur Dokumentation, Darmstadt 1978. U.d.T.: Information and documentation science: A discussion and theoretical treatment. IATUL Proceedings. Vol.4/No. 2/1969, S. 26-40 *Gernot Wersig*: Das Informationssystem als Gegenstand der Informationswissenschaften und der Informatik. In: GI-Fachtagung Information Retrieval Systeme (IRS)/Management Information Systeme (MIS). Stuttgart 8.-11. Dez. 1970. Vorabdrucke der Vorträge, S. 321-329

INFORMATIONSGESELLSCHAFT

→ keine gravierenden Aktivitäten

INFORMATIONSHANDELN

LEHR-BEAUFTRAGTE	Wolfrudolf Laux, Biologische Bundesanstalt
AUSGEWÄHLTE LEHRVERANSTALTUNGEN	Die Dokumentationsstelle und ihre Benutzer
ABSCHLUSSARBEITEN	-
AUSGEWÄHLTE PROJEKTE	-
AUSGEWÄHLTE PUBLIKATIONEN	*Gernot Wersig*: Communication theory and user analysis. International Congress of Documentation. Buenos Aires, Sept. 21-24, 1970, FID. Paper IaII

TECHNIK

LEHR-BEAUFTRAGTE	Friedhelm Haak ❖ Walter Lingenberg, Bibliotheksdirektor
AUSGEWÄHLTE LEHRVERANSTALTUNGEN	Möglichkeiten und Grenzen elektronischer Datenverarbeitung ❖ Datenverarbeitung in Dokumentation und Bibliothek
ABSCHLUSSARBEITEN	-
AUSGEWÄHLTE PROJEKTE	-
AUSGEWÄHLTE PUBLIKATIONEN	-

ORDNUNG/SPRACHE

LEHR-BEAUFTRAGTE	-
AUSGEWÄHLTE LEHRVERANSTALTUNGEN	Sprache in der Dokumentation
ABSCHLUSSARBEITEN	-

AUSGEWÄHLTE PROJEKTE	-
AUSGEWÄHLTE PUBLIKATIONEN	*Gernot Wersig, Karl-Heinz Bergner*: Dokumentation im Bereich der Publizistikwissenschaft. In: Publizistik Jg. 11/Nr. 1/1966, S. 45-53 *Gernot Wersig*: Bemerkungen zu terminologischen Problemen der maschinellen Dokumentation. In: DIN-Mitteilungen Bd. 46/Nr. 5/Mai 1967, S. 206-211 *Gernot Wersig*: Eine neue Definition von Thesaurus. In: Nachrichten für Dokumentation Jg. 20/Nr. 2/1969, S. 53-62 *Gernot Wersig, Karl-Heinrich Meyer-Uhlenried*: Versuche zur Terminologie in der Dokumentation I: Sprache. In: Nachrichten für Dokumentation Jg. 20/Nr. 3/1969, S. 116-123 *Gernot Wersig, Karl-Heinrich Meyer-Uhlenried*: Versuche zur Terminologie in der Dokumentation II: Kommunikation und Information. In: Nachrichten für Dokumentation Jg. 20/Nr. 5/1969, S. 199-204 *Gernot Wersig, Hans-Werner Schober* (Hrsg.): Sprache und Begriff. München-Berlin 1970, S. 45-47 *Gernot Wersig, Karl-Heinrich Meyer-Uhlenried*: Versuche zur Terminologie in der Dokumentation III: Dokumentation. Zugleich Bericht des Komitees Terminologie und Sprachfragen. In: Nachrichten für Dokumentation Jg. 21/1970, S. 14-19 *Gernot Wersig*: Probleme und Aufgaben der Dokumentation. In: Berliner Arbeitskreis der Deutschen Gesellschaft für Dokumentation (Hrsg.): Aufgaben, Möglichkeiten und Verfahren der Dokumentation. Berlin 1970, S. 14-16 *Gernot Wersig*: Ordnungsprinzipien und Ordnungssysteme. In: Berliner Arbeitskreis der Deutschen Gesellschaft für Dokumentation (Hrsg.): Aufgaben, Möglichkeiten und Verfahren der Dokumentation. Berlin 1970, S. 28-31 *Gernot Wersig*: Erläuterungen zur Terminologie der Terminologie. In: Die Berliner Ärztekammer Jg. 7/Nr. 2/Febr. 1970, S. 43-45 *Gernot Wersig*: Sprache und Sprachtypen in der Dokumentation. In: Sprachliche Ansätze im Informations- und Dokumentationsbereich, Beiheft Nr. 20 der Nachrichten für Dokumentation, Frankfurt/Main 1970, S. 5-24 *Gernot Wersig*: Terminologie und Klassifikation in den Sozialwissenschaften. In: Nachrichten für Dokumentation Jg. 21/1970, S. 259-262. In: Hans-Werner Schober (Hrsg.): Dokumentenanalyse als sprachlich-informationstheoretisches Problem. München - Berlin 1970, S. 29-42 *Gernot Wersig, Karl-Heinrich Meyer-Uhlenried*: Versuche zur Terminologie in der Dokumentation IV: Dokumentationssysteme und –verfahren. In: Nachrichten für Dokumentation Jg. 21/1970, S. 97-103

INFORMATIONSMANAGEMENT

LEHR-BEAUFTRAGTE	Walter Krumholz, Leitstelle Politische Dokumentation ❖ Wolfrudolf Laux, Biologische Bundesanstalt ❖ Rudolf Muschalla, Deutscher Normenausschuß ❖ Heinz Steinberg, Senator für Schulwesen
AUSGEWÄHLTE LEHRVERANSTALTUNGEN	Probleme und Hilfsmittel der Dokumentation ❖ Möglichkeiten und Verfahren der Dokumentation ❖ Die Erschließung unterschiedlicher Dokumente ❖ Das Buch als Informationsmittler ❖ Aufbau und Organisation einer Dokumentationsstelle ❖ Informationssysteme ❖ Dokumentation und Bibliothek, ihre Aufgaben und Verfahren zur Wissensvermittlung ❖ Dokumentation und Normung ❖ Normung als Grundlage der Dokumentationspraxis
ABSCHLUSSARBEITEN	-
AUSGEWÄHLTE PROJEKTE	-
AUSGEWÄHLTE PUBLIKATIONEN	*Gernot Wersig*: Grundlagen und Probleme der Dokumentation in der Publizistikwissenschaft. Dargestellt am „Publizistikwissenschaftlichen Referatedienst". In: H. Krehl (Bearb.): Deutsche Gesellschaft für Dokumentation e.V., 10. Jahrestagung. Tagungsbericht, Vorträge und Diskussionsbeiträge. Beiheft Nr. 18 der Nachrichten für Dokumentation, Frankfurt/Main 1968 *Gernot Wersig*: Medizinische Dokumentation und elektronische Datenverarbeitung in einem Universitätsklinikum. 4. Mitteilung: Krankenblattarchivierung. In: Meth. Inf. Med. Vol. 9/Nr. 4/1970, S. 238-240

GESCHICHTE

→ keine gravierenden Aktivitäten

TECHNIKFOLGENABSCHÄTZUNG/ZUKUNFTS- UND TRENDFORSCHUNG

→ keine gravierenden Aktivitäten

RECHT/POLITIK

LEHR-BEAUFTRAGTE	-
AUSGEWÄHLTE LEHRVERANSTALTUNGEN	Organisation des IuD-Wesens
ABSCHLUSSARBEITEN	-

AUSGEWÄHLTE PROJEKTE	-
AUSGEWÄHLTE PUBLIKATIONEN	-

AUSBILDUNG/TÄTIGKEITSFELD

LEHR-BEAUFTRAGTE	-
AUSGEWÄHLTE LEHRVER-ANSTALTUNGEN	-
ABSCHLUSS-ARBEITEN	-
AUSGEWÄHLTE PROJEKTE	-
AUSGEWÄHLTE PUBLIKATIONEN	*Gernot Wersig*: Das Lehrfach Dokumentation an der Freien Universität Berlin. In: Nachrichten für Dokumentation Jg. 21/Nr. 1/1970, S. 26-27

INTERNATIONALES

→ keine gravierenden Aktivitäten

VISUELLE KOMMUNIKATION/MUSEUM

→ keine Aktivitäten

1971-1975 Grundsteinlegungen: Ordnungstheorie, Terminologie, Soziologie

Im Zuge der inneruniversitären Veränderungen wird aus „Dokumentation" die „Informations- und Dokumentationswissenschaft", die explizit als Magister-Haupt- und Nebenfach studierbar ist (und dann auch als Promotionsfach möglich wird). Im Wintersemester 1970/71 werden erstmals Lehrveranstaltungen unter diesem Namen angeboten.

Wersig wird intensiv in die nationale und internationale Szene integriert (Deutsche Gesellschaft für Dokumentation: Vorstand, Komitee Terminologie und Sprachfragen, Komitee Thesaurusforschung; Verband Deutscher Dokumentare; Fédération Internationale de Documentation: Vorsitzender des Study Committee Education and Training, Mitglied des Study Committee Research on the theoretical foundations of information; Deutscher Normungs-Ausschuß: Normenausschuß Buch-, Bibliotheks- und Dokumentationswesen, Ausschuß Terminologie; International Organization for Standardization: Technical Commete 46 Documentation und TC 37 Terminology). 1971 legt er die erste Dissertation im Fach Informations- und Dokumentationswissenschaft vor („Information Kommunikation Dokumentation"). 1972 wird er aufgrund der Dissertation und seiner sonstigen ca. 50 wissenschaftlichen Schriften kumulativ für das Fach habilitiert.

Anfang der 70er Jahre plant die Bundesregierung in Weiterverfolgung der wissenschaftlichen Förderprogramme (Atomforschung, Meeresforschung, Informatik) die Erarbeitung eines Bundesförderungsprogramms für Dokumentation. Dafür wird zweimal eine Arbeitsgruppe in Bonn eingerichtet, die bis 1974 auf Abordnungsbasis einen Entwurf erarbeitet. Wersig ist in dieser Arbeitsgruppe ein ständiges Mitglied.

1974 ist der 20. Jahrestag der Dissertation von Hans-Werner Schober, mit der gewissermaßen alles begann. Aus diesem Anlaß legen Studenten, Mitarbeiter und Weggefährten eine Festschrift „Information und Dokumentation im Aufbruch" vor.

1975 erscheint das Bundesförderungsprogramm Information und Dokumentation, das auch ein Teilprogramm „Informationswissenschaft an Hochschulen" vorsieht. Im Vorgriff auf das Programm war bereits 1974 versucht worden, gemeinsam von Freier und Technischer Universität Überlegungen zu einem interuniversitären Zentralinstitut für Informationswissenschaft zu entwickeln. Diese Überlegungen scheiterten früh an einem absoluten Führungsanspruch der Informatik.

Die Diskussionen führten dann 1975 zu einem Entwicklungsplan für Informations- und Dokumentationswissenschaft an der FU, der im Hinblick auf eine mögliche Anlauffinanzierung durch das Bundesförderungsprogramm drei Hochschullehrerstellen mit Ausstattung vorsah. Ein darauf bezogener Studienplan wird auch vom Fachbereich Philosophie und Sozialwissenschaften erlassen (aber nicht weiter bestätigt).

Zu dem Zeitpunkt, zu dem sich auch durch das Engagement des Faches eines Neuordnung des Informations- und Dokumentationswesens in der Bundesrepublik abzeichnet und eine Konsolidierung des Faches an der FU angestrebt wird, verstirbt Prof. Dr. Hans-Werner Schober 1975 nach langer Krankheit, letztlich an den Folgen seiner Kriegsverletzung.

Chronik 1971 bis 1975

PERSONEN	PROFESSOR: Hon. Prof. Dr. Hans-Werner Schober WISSENSCHAFTLICHER MITARBEITER: Dr. Gernot Wersig (am Institut für medizinische Statistik und Dokumentation, Klinikum Steglitz, teilweise freigestellt zur Unterstützung von Prof. Schober)

THEORIE

LEHR- BEAUFTRAGTE	Gerd Beling, Forschungsinstitut f. Funk u. Mathematik d. Ges. zur Förderung d. astrophysikal. Forschung ❖ Rudolf Muschalla, Deutscher Normenausschuß
AUSGEWÄHLTE LEHRVER- ANSTALTUNGEN	Normung als Bestandteil wissenschaftlich-technischer Entwicklung ❖ Formale Methoden in der Information und Dokumentation ❖ Grundfragen der Kommunikationstheorie ❖ Begriffsbildung und Terminologie in den Informationswissenschaften ❖ Theoretische Ansätze zur Informations- und Dokumentationswissenschaft
ABSCHLUSS- ARBEITEN	DISSERTATION: Gernot Wersig: Information, Kommunikation und Dokumentation als Grundbegriffe der Informations- und Dokumentationswissenschaft
AUSGEWÄHLTE PROJEKTE	-
AUSGEWÄHLTE PUBLIKATIONEN	*Gernot Wersig*: Information, Kommunikation und Dokumentation als Grundbegriffe der Informations- und Dokumentationswissenschaft. Phil. Diss. FU Berlin, 1971. Publ. u.d.T. Information, Kommunikation, Dokumentation. München-Berlin 1971, 2. Aufl., 1974 *G. Kissel, Gernot Wersig*: Der allgemeine Bezugsrahmen Informationswissenschaftlicher Forschung. In: TUB Jg. 3/1971, S. 566-568 *Hans-Werner Schober, Gernot Wersig*: Tendenzen der Information und Dokumentation in Praxis und Wissenschaft. In: Ernst Lutterbeck (Hrsg.): Dokumentation und Information. Frankfurt/Main 1971, S. 13-14 *Hans-Werner Schober, Gernot Wersig*: Informationswissenschaft, was ist das? In: TUB Jg. 3/1971, S. 569-575 *Gerd Beling, Gernot Wersig*: Zur Typologie von Daten und Informationssystemen. München 1973 *Ernst Lutterbeck, Gernot Wersig*: Thesen und Vorschläge zur Frage der Abgrenzung von Information und Dokumentation zur Datenverarbeitung und der Informationswissenschaft zur Informatik. In: ÖVD Nr.9/1973, S.424-426 *Wilfrid Kschenka, Thomas Seeger, Gernot Wersig* (Hrsg.): Information und Dokumentation im Aufbruch. Festschrift für Prof. Dr. Hans-Werner Schober. Pullach 1975 *Wilfrid Kschenka, Thomas Seeger, Gernot Wersig*: Prof. Dr. Hans-Werner Schober. In: Nachrichten für Dokumentation Jg.26/1975, S.191-192 *Gernot Wersig, Ulrich Neveling*: The phenomena of interest to information science. In: Inf. Scientist Vol. 9/No. 4/1975, S. 127-140

INFORMATIONSGESELLSCHAFT

LEHR-BEAUFTRAGTE	Walter Krumholz, Leitstelle Politische Dokumentation ❖ Rudolf Muschalla, Deutsches Institut für Normung ❖ Heinz Steinberg, Senator für Schulwesen
AUSGEWÄHLTE LEHRVER-ANSTALTUNGEN	Aktuelle Probleme der Information und Dokumentation ❖ Zur Problematik öffentlicher Datenbanken ❖ Informationsbedarf nach Normen und Normeninformationssystem ❖ Grundfragen der Informationspolitik ❖ Buch und Gesellschaft ❖ „Informationslawine" und „Informationsmüll"
ABSCHLUSS-ARBEITEN	-
AUSGEWÄHLTE PROJEKTE	-
AUSGEWÄHLTE PUBLIKATIONEN	*Gernot Wersig*: Informationssoziologie. Hinweise zu einem informationswissenschaftlichen Teilbereich. Frankfurt/Main 1973 *Gernot Wersig*: Sociology of information and information science: Implications for research and scientific training. In: Problems of information science. Study Committee „Research on the theoretical basis of information" (Collection of papers) 24.-26. April 1974, Moscow. FID 430. Moskau 1975, S. 170-183

INFORMATIONSHANDELN

LEHR-BEAUFTRAGTE	Wilfrid Kschenka, Pädagogisches Zentrum ❖ Ulrich Neveling
AUSGEWÄHLTE LEHRVER-ANSTALTUNGEN	Der publizistikwissenschaftliche Informationsfluß – Informationsbedürfnisse in Wissenschaft und Praxis ❖ Zur Benutzersoziologie von Informationseinrichtungen ❖ Analyse der Informationsbedürfnisse publizistische Praxis ❖ Zur Problematik der „Eliten" in der fachlichen Kommunikation ❖ Benutzerorientierte Informationsvermittlung in Dokumentationsstellen und Bibliotheken
ABSCHLUSS-ARBEITEN	Karl-Martin Schmidt-Reindl: Studentische Bibliotheksbenutzer. Ergebnisse einer Umfrage zur Bibliotheksbenutzung unter Studenten der Freien Universität Berlin im WS 1971/72
AUSGEWÄHLTE PROJEKTE	-
AUSGEWÄHLTE PUBLIKATIONEN	*Gernot Wersig*: Zur Systematik der Benutzerforschung. In: Nachrichten für Dokumentation Jg.24/1973, S.10-14

TECHNIK

LEHR-BEAUFTRAGTE	Gerd Beling, Forschungsinstitut f. Funk u. Mathematik d. Ges. zur Förderung d. astrophysikal. Forschung ❖ Friedhelm Haack ❖ Walter Lingenberg ❖ Klaus Sailer ❖ Heinz Teichmann, Siegfried Sollorz, Klinikum Steglitz
AUSGEWÄHLTE LEHRVERANSTALTUNGEN	Praktische Einführung in Verfahren der Reprographie und Mikrofilmtechnik ❖ Datenbanken in Wissenschaft und Praxis ❖ Einführung in die EDV ❖ EDV-Anwendungen in Bibliotheken und Dokumentationsstellen ❖ Datenerfassung und Datenverarbeitung im Bibliotheks- und Dokumentationswesen ❖ Vergleich maschineller Retrieval-Systeme ❖ Datenbanken für Literaturinformation und Literaturerschließung. Grundlagen und Anwendungsbeispiele
ABSCHLUSSARBEITEN	-
AUSGEWÄHLTE PROJEKTE	-
AUSGEWÄHLTE PUBLIKATIONEN	*Gernot Wersig*: Probleme und Verfahren der Terminologiearbeit. In: Sprachmittler Jg.11/Nr.2/1973/S.58-71. Nachgedr. in K.H. Bausch, W.H.U. Schewe, H.-R. Spiegel (Hrsg.): Fachsprachen. Terminologie - Struktur – Normung. Berlin 1976, S.43-51

ORDNUNG/SPRACHE

LEHR-BEAUFTRAGTE	Wilfrid Kschenka, Pädagogisches Zentrum ❖ Wolfgang Schewe, Deutscher Normenausschuß
AUSGEWÄHLTE LEHRVERANSTALTUNGEN	Internationale Klassifikationssysteme (DK, Standard Reference Code, Broad System of Ordering) ❖ Übungen zur Entwicklung von Klassifikationssystemen und Thesauri ❖ Normung in der Dokumentation ❖ Kommunikation und Sprache ❖ Fachsprachliche Probleme in Information und Dokumentation ❖ Entwicklung eines Thesaurus Information und Dokumentation ❖ Soziologische und wissenschaftliche Grundlagen der Normung (am Beispiel Information und Dokumentation) ❖ International anwendbare Ordnungssysteme
ABSCHLUSSARBEITEN	Karl-Heinz Bergner: Die Publizistik in der Dezimalklassifikation (DK)
AUSGEWÄHLTE PROJEKTE	Gerd Beling, Beate Brodmeier, Gernot Wersig: „Bundes-Dachthesaurus" - Untersuchungen zur Vereinheitlichung der Ordnungssysteme von obersten Bundesbehörden und Einrichtungen des nachgeordneten Bereichs. 1974, Bundesminister des Inneren Projektleitung: Dipl. Phys. Gerd Beling, Dr. Beate Brodmeier, Priv. Doz. Dr. Gernot Wersig
AUSGEWÄHLTE PUBLIKATIONEN	*Gernot Wersig*: Klassifikation und Thesaurus als Dokumentationssprachen. In: E. Lutterbeck (Hrsg.): Dokumentation und Information. Frankfurt/Main 1971, S. 73-102

Gernot Wersig: Experiences in compatibility research in documentary languages. Paper of the 3rd International Study Conference on Classification Research, Bombay 6.-11.1.1975, publ. in A. Neelameghan: Ordering systems for global information networks. Bangalore 1979, S. 423-430

INFORMATIONSMANAGEMENT

LEHR-BEAUFTRAGTE	Gerd Beling, Forschungsinstitut f. Funk u. Mathematik d. Ges. zur Förderung d. astrophysikal. Forschung ❖ Walter Krumholz, Leitstelle Politische Dokumentation ❖ Wilfrid Kschenka, Pädagogisches Zentrum ❖ Wolfrudolf Laux, Biologische Bundesanstalt ❖ Walter Lingenberg ❖ Werner Schwuchow ❖ Christian Weiske, Chemie Information und Dokumentation
AUSGEWÄHLTE LEHRVERANSTALTUNGEN	Wirtschaftlichkeitsprobleme bei Dokumentationsstellen ❖ Aufbau und Organisation von Dokumentationsstellen ❖ Neuere Entwicklungen in der Automatisierung in Bibliothek und Dokumentation ❖ Organisationsfragen von Information und Dokumentation im Hochschulbereich ❖ Möglichkeiten der Systemanalyse bei Informationseinrichtungen ❖ Probleme der medizinischen Literaturdokumentation ❖ Praktische Information: Komplexe Informationssysteme dargestellt am Beispiel der Chemie ❖ Praxis der Informationserschließung und Informationsvermittlung ❖ Theorie und Praxis der Registererstellung ❖ Die ökonomische Analyse von Informationssystemen ❖ Methoden der Inhaltserschließung von Dokumenten ❖ Strukturierte Datenerfassung für nicht-gedruckte Informationsquellen und Datendokumentation ❖ Planung und Aufbau von Fachinformationssystemen – behandelt am Beispiel des Fachinformationssystems Gesellschaft ❖ Recherchieren – Strategien und Durchführung von Dokumentrecherchen unter Benutzung einer Datenbank
ABSCHLUSSARBEITEN	-
AUSGEWÄHLTE PROJEKTE	-
AUSGEWÄHLTE PUBLIKATIONEN	*Gernot Wersig*: Das Krankenhaus-Informationssystem (KIS). Überlegungen zu Strukturen und Realisierungsmöglichkeiten integrierter Krankenhaus-Informationssysteme. München-Berlin 1971 *I. Gaszak, S. Giese, B. Jäschke, H. König, G.-H. Köster, K. Pandrick, R. Schwarze, E. Ulbrich, G. Wersig*: Vergleichende Analyse von Referatediensten. München-Berlin 1971 *Gernot Wersig*: Informationstätigkeit. In: Klaus Laisiepen, Ernst Lutterbeck, Karl-Heinrich Meyer-Uhlenried: Grundlagen der praktischen Information und Dokumentation, München 1972, S. 461-483

GESCHICHTE

LEHR-BEAUFTRAGTE	-
AUSGEWÄHLTE LEHRVER-ANSTALTUNGEN	Zur Geschichte der Information und Dokumentation ❖ Zur Entwicklung der Dokumentation in den 30er und 40er Jahren ❖ Zur Entwicklung der Dokumentation in den 50er und 60er Jahren
ABSCHLUSS-ARBEITEN	Marianne Buder: Das Verhältnis von Dokumentation und Normung 1927-1945 in nationaler und internationaler Hinsicht. Ein Beitrag zur Geschichte der Dokumentation ❖ Dietmar Strauch: Wissenschaftliche Kommunikation im Übergang von der vorindustriellen zur industriellen Gesellschaft. Einheit und gesellschaftliche Bedeutung der Wissenschaft als Kommunikationsprobleme
AUSGEWÄHLTE PROJEKTE	-
AUSGEWÄHLTE PUBLIKATIONEN	-

TECHNIKFOLGENABSCHÄTZUNG/ZUKUNFTS- UND TRENDFORSCHUNG

→ keine gravierenden Aktivitäten

RECHT/POLITIK

LEHR-BEAUFTRAGTE	-
AUSGEWÄHLTE LEHRVER-ANSTALTUNGEN	Der Stellenwert der Informationspolitik für die Innovation der Gesellschaft
ABSCHLUSS-ARBEITEN	-
AUSGEWÄHLTE PROJEKTE	-
AUSGEWÄHLTE PUBLIKATIONEN	-

AUSBILDUNG/TÄTIGKEITSFELD

LEHR-BEAUFTRAGTE	-
AUSGEWÄHLTE LEHRVER-ANSTALTUNGEN	Zur Ausbildung in der Information und Dokumentation

ABSCHLUSS-ARBEITEN	Thomas Seeger: Untersuchung der Ausbildungsgänge im Tätigkeitsfeld Information und Dokumentation unter Berücksichtigung der Differenzierung in verschiedene Tätigkeitsfelder
AUSGEWÄHLTE PROJEKTE	-
AUSGEWÄHLTE PUBLIKATIONEN	*Gernot Wersig*: Aspects of integration and separation in training for information and documentation. In: Proceeding of the International Conference on Training for Information Work, Rome, 15.-19. Nov. 1971, Rom FID 486, 1972, S. 343-357 *Gernot Wersig*: Information science and information work, some implications for training. In: Riv. Inf. Vol. 3/No. 6/1972, S. 99-104. U.d.T. Scienze dell informazione e lavoro di informazione - Alcame implicazioni per la formazione, S. 45-50 *Gernot Wersig, Thomas Seeger*: Future main trends of information systems and their implications for specialization of information personnel. FID/ET Occasional Papers 2, Frankfurt/Main 1975. Nachgedruckt in International Forum of Information and Documentation sowie in Theoretical problems of informatics. Forecasting of the development of scientific information activities. FID 563. Moskau 1979, S. 16-44 *Gernot Wersig*: Training and instructional activities as a means of improving systems interconnections. In: Information systems. Their Interconnection and Compatibility. Proceedings of a Symposium on information systems: connection and compatibility by the IAEA and co-sponsored by FAO and UNESCO, Varna, Bulgaria, 30.9.-3.10.1974. Wien 1975, S. 393-400

INTERNATIONALES

LEHR-BEAUFTRAGTE	Walter Krumholz, Leitstelle Politische Dokumentation
AUSGEWÄHLTE LEHRVER-ANSTALTUNGEN	Internationale Informationssysteme (z.B. UNESCO, EWG, OECD, Europa-Rat) ❖ Internationaler Austausch bibliographischer Daten
ABSCHLUSS-ARBEITEN	-
AUSGEWÄHLTE PROJEKTE	-
AUSGEWÄHLTE PUBLIKATIONEN	-

VISUELLE KOMMUNIKATION/MUSEUM

→ keine gravierenden Aktivitäten

1976-1981 Grundanlage: Informationssysteme als Symbiose von Mensch und Technologie

Von seiner Position am Institut für Medizinische Statistik und Dokumentation aus (inzwischen als Assistenzprofessor) führt Wersig als Privatdozent die Geschäfte des Faches. Aus Mitteln des BMFT läuft als Vorgriff auf die Förderung des universitären Faches aber auch um die im Programm noch relativ offene Frage, wie mit der Ausbildung weiter verfahren werden sollte, das Forschungsprojekt FIABID (Integrierte Ausbildungskonzeption für den Tätigkeitsbereich Bibliothek, Information, Dokumentation) an, das gemeinsam mit dem Institut für Bibliothekarausbildung durchgeführt wird (die ehemalige Bibliothekarakademie war im Zuge der Umorganisation des Berliner Hochschulwesens als Fachhochschule an die FU Berlin, aber nicht in den gleichen Fachbereich, verlagert worden).

1977 wird mit tatkräftiger Intervention des Instituts für Publizistik- und Dokumentationswissenschaft im Vorgriff auf das an dieser Stelle noch nicht greifende Bundesförderungsprogramm eine AH5-Professur (jetzt C3) für Informations- und Dokumentationswissenschaft mit einer Ausstattung von einem Wissenschaftlichen Mitarbeiter (WiMi) und einer Sekretariatsstelle eingerichtet. Am 1.9.1977 wird Dr. Gernot Wersig auf diese Stelle (für sozialwissenschaftliche und kommunikationstheoretische Grundlagen der Informations- und Dokumentationswissenschaft) berufen. Die WiMi-Stelle wird mit Dipl. Pol. Gerhard Vowe (der auch Informations- und Dokumentationswissenschaft studiert hatte) besetzt, in das Sekretariat wechselt Rosemarie C. Dorloff aus der Zentralen Universitätsverwaltung. Fortan beginnt das Fach sich zunehmend – in Angleichung an das Bundesförderungsprogramm – als „Informationswissenschaft" zu bezeichnen, es dauert aber mindestens zehn Jahre, bis sich dieser Sprachgebrauch in alle Winkel der Freien Universität durchgesetzt hat. Wersig gründet mit einigen Absolventen und Weggefährten des Faches die Firma PROGRIS Projektgruppe Informationssysteme GmbH, über die in der Folgezeit Forschungs- und Entwicklungsprojekte, an denen das FU-Fach kooperativ beteiligt ist, abgewickelt werden.

Da das Institut für Publizistik- und Dokumentationswissenschaft zu diesem Zeitpunkt in einer schwierigen Situation steckte (insbesondere durch Erkrankungen von Professoren und Zwang zu Neuberufungen), wurde Wersig sofort zum Geschäftsführenden Direktor berufen (bis 1979).

1980 wird die Entwicklungsplanung der FU überarbeitet, die Entwicklungsplanungskommission gibt dabei eine erneute Absichtserklärung ab, die entsprechenden Stellen bei Vorliegen der Anlauffinanzierung durch den Bund in den Stellenplan einzustellen. Das Bundesministerium für Forschung und Technologie arbeitet immer noch an der Realisierung des Programms „Informationswissenschaft an Hochschulen", das sich aufgrund einiger Kompetenzrangeleien verzögert.

Nach dem Auslaufen des Projektes FIABID wird zur Vorbereitung der universitären Anlauffinanzierung, die auch als Projektfinanzierung stattfinden soll, das Projekt „Methodeninstrumentarium der Benutzerforschung" kurzfristig entwickelt und 1980-81 realisiert. Während dieser Zeit wird für die Anlauffinanzierung an der Universität das Projekt INSTRAT „Informationssysteme als informationspolitisches Gestaltungspotential und gesellschaftliche Entwicklungsstrategie – Informationswissenschaftliche Grundlagen organisierter Information und Kommunikation als Komponenten individueller und gesellschaftlicher Problembewältigung" entworfen. Es sieht zwei zusätzliche Hochschullehrerstellen vor. Das Projekt wird auch vom Bundesministerium für Forschung und Technologie bewilligt.

Mit einem Wechsel an der Spitze des Ministeriums verändert sich auch die Position des Bundes zu den Ländern in der Bildungsförderung. Die Idee des Programms „Informationswissenschaft an Hochschulen" wird in dieser Form aufgegeben und damit die Möglichkeit der Vorfinanzierung von Hochschullehrerstellen durch den Bund. Das Projekt FIABID läuft an, aber ohne Hochschullehrer, sondern nur als ein normales Projekt mit Zeitverträgen.

Wersig intensiviert in dieser Zeit seine Kooperationen mit österreichischen Einrichtungen durch die Übernahme einer Gastprofessur für Praktische Informatik an der Technischen Universität Wien, die er parallel zu den Arbeiten in Berlin wahrnimmt.

Alle späteren Versuche, den Entwicklungsplan, der auf der Idee der Anlauffinanzierung durch den BMFT basierte, in der Universität selbst zu realisieren, nehmen einen sehr FU-typischen Verlauf: Einerseits wird die Lehrkapazität so berechnet, als würden drei Hochschullehrer mit Ausstattung zur Verfügung stehen (das Lehrangebot wird durch entsprechende Lehrauftragsmittel auch bis in die 90er Jahre abgesichert), andererseits scheitern alle Versuche, die entsprechenden Stellen im Stellenplan zu etablieren (stattdessen werden aber angrenzend erst Publizistik, dann Informatik ausgebaut).

In diesem „Schicksalsjahr" 1981 reorganisiert sich die FU, davon ist das Fach mehrfach betroffen:

- Der Fachbereich Philosophie und Sozialwissenschaften zerfällt aus vielerlei Gründen, es entstehen einige Nachfolgefachbereiche, darunter auch der Fachbereich Kommunikationswissenschaften, dem neben den Nachfolgeeinrichtungen des Instituts für Publizistik- und Dokumentationswissenschaft das Institut für Theaterwissenschaft und das Institut für Bibliothekarausbildung angehören.

- Das Institut für Publizistik- und Dokumentationswissenschaft zerbricht vor allem an der neu auftretenden Multidisziplinarität der Publizistik und zerfällt in die Institute für „Publizistik und Kommunikationspolitik", „Kommunikationssoziologie und –psychologie" und „Kommunikationstheorie und Semiotik" sowie in den „Arbeitsbereich Informationswissenschaft".

Während den Instituten der Status einer Wissenschaftlichen Einrichtung (die Grundorganisationseinheit der Hochschule nach dem Berliner Hochschulgesetz) zugesprochen wird, verbleibt der Arbeitsbereich zunächst fachbereichsunmittelbar, d.h. ohne formale Selbstverwaltungsstruktur. Nach einer Phase von einem Jahr Erfahrungen soll entschieden werden, was mit ihm passiert.

Chronik 1976 bis 1981

PERSONEN	PROFESSOR: Dr. Gernot Wersig (ab 1977) WISSENSCHAFTLICHER MITARBEITER: Gerhard Vowe SEKRETARIAT: Rosemarie C. Dorloff STUDENTISCHE HILFSKRÄFTE: Wolfgang Blohm ❖ Heike Opitz

THEORIE

LEHR- BEAUFTRAGTE	Marianne Buder ❖ Tefko Saracevic, Case Western Reserve University, Cleveland ❖ Gunther Windel
AUSGEWÄHLTE LEHRVER- ANSTALTUNGEN	Wissenschaftstheoretische Ansätze zur Informationswissenschaft ❖ Grundlagen der Informationswissenschaft ❖ Begriffstheorien als Grundproblem der Informationswissenschaft ❖ Selbstverständnisse der Informationswissenschaft ❖ Analyse von Informationssystemen ❖ Zum Verhältnis von interpersonellen und vermittelten Formen der Fachkommunikation
ABSCHLUSS- ARBEITEN	Christiane Weidner: Die Bedeutung der Untersuchung nonverbaler Kommunikation für die Informationswissenschaft
AUSGEWÄHLTE PROJEKTE	Projekt INSTRAT: Informationssysteme als informationspolitisches Gestaltungspotential und gesellschaftliche Entwicklungsstrategie. Informationswissenschaftliche Grundlagen organisierter Information und Kommunikation als Komponenten individueller und gesellschaftlicher Problembewältigung. 1981-1984, Bundesministerium für Forschung und Technologie Projektleiter: Prof. Dr. Gernot Wersig Wiss. Mitarbeiter: Nicholas Belkin, Marianne Buder, Thomas Seeger, Gunther Windel Stud. Hilfskräfte: Beata Berta, Marlies Klöckling, Susanne Plagemann, Petra Schuck ausgewählte Publikationen: Gernot Wersig: Kommunikationsforschung als Prototyp positivismusfreier Forschung - Ein neuartiges Erkenntnissyndrom. PROJEKT INSTRAT, Berlin 1981

AUSGEWÄHLTE PUBLIKATIONEN	*Gernot Wersig*: Information - Daten - Zeichen - Nachricht - Code - Wort. In: Nachrichten für Dokumentation Jg. 28/1977, S. 183-185 (auch DIN-Mitt. Nr. 6/1977, Angewandte Informatik Nr. 9/1977) *Gernot Wersig*: Informationswissenschaft als Sozialwissenschaft. In: W. Kunz (Hrsg.): Informationswissenschaft. Stand, Entwicklung, Perspektiven – Förderung im IuD-Programm der Bundesregierung. München - Wien 1978, S. 170-178 *Gernot Wersig*: The problematic situation as a basic concept of information science in the framework of social sciences: a reply to N. Belkin. In: Theoretical problems of informatics. FID 568, Moscow 1979, S.48-57 *Gernot Wersig*: A communication orientied understanding of sign. Vortrag 2. Kongreß der International Association for Semiotic Studies. Wien, Juli 1979 *Gernot Wersig*: Towards cognitive models in information science. In: T. Henrikson (Hrsg.): Proceedings of the Third International Research Forum on Information Science, Oslo, August 1.-3, 1979. Oslo 1979, Vol.1, S.12-27 *Ulrich Neveling, Gernot Wersig*: The information scientists of the 1980`s in Europe. In: O. Harbo, L. Kajberg (Hrsg.): Theory and application of information research. Proc. 2nd International Research Forum on Information Science, 3-6 Aug. 1977. London 1980, S.214-220 *Gernot Wersig*: Towards information science in the Federal Republic of Germany. In: J. Inf. Science Vol. 2/1980, S. 193-195

INFORMATIONSGESELLSCHAFT

LEHR-BEAUFTRAGTE	Marianne Buder ❖ Peter Krause, BMFT ❖ Werner Rehfeld, Gesellschaft für Information und Dokumentation ❖ Gunther Windel
AUSGEWÄHLTE LEHRVERANSTALTUNGEN	Aktuelle Probleme der Informationspolitik ❖ Das Verhältnis von Staat, Wissenschaft und Information und Dokumentation ❖ Literaturflut in Information und Dokumentation ❖ Information und Innovation ❖ Papierlose Gesellschaft: Informationswissenschaftliche Perspektiven der Technologieentwicklung ❖ Organisationsstrukturen von Informationseinrichtungen unter dem Einfluß von neuen Dienstleistungen und neuen Technologien
ABSCHLUSS-ARBEITEN	-
AUSGEWÄHLTE PROJEKTE	Gernot Wersig: Empirie und Prognose im Informationsbereich. Das Forschungsprojekt Integrierte Ausbildungskonzeption für den Tätigkeitsbereich Bibliothek, Information und Dokumentation. Berlin 1980
AUSGEWÄHLTE PUBLIKATIONEN	-

INFORMATIONSHANDELN

LEHR- BEAUFTRAGTE	Bernd Lutterbeck ❖ Karl-Wilhelm Neubauer ❖ Thomas Seeger ❖ Kurt Specht ❖ Dietmar Strauch ❖ Gunther Windel
AUSGEWÄHLTE LEHRVER- ANSTALTUNGEN	Kognitive Modelle in der Informationswissenschaft ❖ Ausgewählte Probleme der Benutzerforschung ❖ Fachliche Rezipientenforschung ❖ Benutzer und Informationsbedarf ❖ Empirische Untersuchungen zu Informationsbarrieren ❖ Wie erreicht ein Industriedokumentar seine Benutzer? ❖ Benutzerpsychologie ❖ Informationsfluß und Informationsbarrieren ❖ Projekt Fachliche Rezipientenforschung ❖ Zur Methodik der Benutzerforschung ❖ Analyse und Bewertung des Standes der Benutzerforschung
ABSCHLUSS- ARBEITEN	Monika Kallfass: Der theoretische und methodische Beitrag der Wissenssoziologie für die Benutzerforschung in der Bundesrepublik Deutschland und Berlin (West) ❖ Sabine Schuster: Exploratorische Untersuchung über Beurteilungsfaktoren für IuD-Dienstleistungen aus Benutzersicht
AUSGEWÄHLTE PROJEKTE	MIB: Methodeninstrumentarium der Benutzerforschung. 1980-1981, Bundesministerium für Forschung und Technologie Projektleiter: Prof. Dr. Gernot Wersig Wiss. Mitarbeiter: Gunther Windel Stud. Hilfskraft: Susanne Plagemann ausgewählte Publikationen: Gernot Wersig, Gunther Windel: Benutzerforschung als Handlungsforschung. MIB. PI 3/80, Berlin 1980 Gernot Wersig: Beschreibungsdimensionen zur Verortung von Maßnahmen der Benutzerforschung. MIB-PI 4/80, Berlin 1980 Gernot Wersig: Ein Kanalmodell als Grundorientierung in der Fachkommunikation. MIB-PI 5/80, Berlin 1980 Gernot Wersig, Gunther Windel: Bericht über eine Studienreise in das Vereinigte Königreich. 12.-16.5.1980. MIB-PI 6/80, Berlin 1980 In: Susanne Plagemann, Gunther Windel (Hrsg.): Need oriented research for information services - Proc. of a workshop held in Berlin, July 13-17, 1981. PROJEKT INSTRAT, Berlin 1981
AUSGEWÄHLTE PUBLIKATIONEN	*Gernot Wersig*: Quantitative Methoden der Benutzerforschung. In: DGD (Hrsg.): Deutscher Dokumentartag 1980. München etc. 1981, S. 297-304 *Gernot Wersig, Gunther Windel*: The potential of basic research on users for new orientation of information services. In: Int. Forum on Information and Documentation, Vol. 6/1981, Nr. 4, S. 21-23

TECHNIK

LEHR-BEAUFTRAGTE	Ralf-Dirk Hennings ❖ Karl-Wilhelm Neubauer ❖ Richard M. Riedel, Fachhochschule für Wirtschaft ❖ Thomas Seeger ❖ Dietmar Strauch
AUSGEWÄHLTE LEHRVER-ANSTALTUNGEN	Grenzen, Möglichkeiten und Weiterentwicklung von online-Diensten ❖ Integrierte Online-Systeme in Bibliotheken ❖ Informationsretrievalsysteme ❖ Informationssysteme via Bildschirmtext ❖ IuD-spezifische Anwendung von Textverarbeitungsmaschinen ❖ EDV-gestützte Dokumentationsmethoden
ABSCHLUSS-ARBEITEN	Heike Gursch: Planungssysteme der Künstlichen Intelligenz - Allgemeine Grundlagen und Teilimplementierung des Prototypen pLANet für die Auswahl und Einführung von Netzwerken; ❖ Peter Spohn: Computergestützte Telekommunikations-Systeme (CUTS) als Wegbereiter für Integrierte Bürosysteme
AUSGEWÄHLTE PROJEKTE	Planungsstudie für interaktive Dienste. 1981, Unterauftrag zum Projektdesign Kabelkommunikation Berlin Prof. Dr. Wolfgang R. Langenbucher im Auftrag der Deutschen Bundespost Abwicklung: PROGRIS ausgewählte Publikationen: Dietmar Strauch, Gernot Wersig: Informationssysteme in Kabelpilotprojekten. In: K. Dette, R. Kreibich, H. Kunert-Schroth (Hrsg.): Kabelfernsehen und gesellschaftlicher Dialog. München 1979, S. 151-187 Gernot Wersig: Grundkonzeptionen für interaktive Informationssysteme in Kabelkommunikationssystemen. In: PROGRIS Planungsstudie für interaktive Dienste. Anl. zum Projektbericht. Berlin 1981, S. B18-B57 Gernot Wersig: Die Ableitung eines „optimalen Designs" aus den planerischen Vorgaben. In: PROGRIS Planungsstudie für interaktive Dienste. Anlagen zum Projektbericht. Berlin 1981, S. E1-E9O
AUSGEWÄHLTE PUBLIKATIONEN	*Gernot Wersig*: Aspekte der zukünftigen Rolle von Informationssystemen für Wissenschaft und Technik. In: K. Brunnstein (Hrsg.): Mitteilung Nr. 46. Werkstattgespräch Gesellschaftliche Auswirkungen großer Informationssysteme aus der Sicht verschiedener Disziplinen. Hamburg 28.-30. März 1977. Hamburg: Institut für Informatik, 1977 *Gernot Wersig*: Informations- und Kommunikationstechnologien: Ersatz oder Unterstützung der menschlichen Komponente? In: Nachrichten für Dokumentation Jg. 31/1980, Nr. 1, S. 11-14 *Gernot Wersig*: Der Informationswissenschaftler vor den neuen Formen der Technischen Kommunikation. In: D. Strauch, G. Vowe (Hrsg.): Bildschirmtext - Facetten eines neuen Mediums. München - Wien 1980, S. 64-74 *Gernot Wersig*: Die Rolle der menschlichen Komponente in Informationssystemen der 80er Jahre. In: Informationssysteme für die 80er Jahre. Fachtagung 1980, GI Linz 1980, Bd. 1 *Gernot Wersig*: Informationssysteme und die menschliche Komponente. In: IBM-Nachr. Jg. 31/April 1981, S. 1519 (auch teilweise in Computerwoche Jg. 1981, 26.6.81, S. 61

ORDNUNG/SPRACHE

LEHR-BEAUFTRAGTE	Gerd Beling, Forschungsinst. f. Funk u. Mathematik ❖ Rudolf Muschalla, Wolfgang Schewe, Deutsches Institut für Normung ❖ Thomas Seeger ❖ Seggelke, Umweltbundesamt ❖ Dietmar Strauch
AUSGEWÄHLTE LEHRVER-ANSTALTUNGEN	Publikumsorientierte Dokumentationssprachen ❖ Terminologische Datenbanken ❖ Dokumentationssprachen ❖ Fachsprachliche Probleme in Information und Dokumentation ❖ Terminologie der Information und Dokumentation ❖ Die internationale Universalklassifikation (DK) ❖ Normung als Grundlage einer effektiven Information und Dokumentation ❖ Kompatibilitätsprobleme terminologischer Datenbanken ❖ Universelle Wissensordnungen am Beispiel von Enzyklopädien ❖ Zum Stand der Informationslinguistik
ABSCHLUSS-ARBEITEN	Margarete Burkart: Mehrsprachige Thesauri und Terminologie - Datenbanken als Hilfsmittel zur Überwindung der Sprachbarrieren ❖ Renate Kretschmann: Gemeinsprache - Fachsprache - Dokumentationssprache. Beschreibung dieser 3 sprachlichen Subsysteme, ihr Vergleich unter dem Aspekt des Kommunikations-, Erkenntnis-, Normierungs- und Transformationsprozesses und Untersuchung ihrer Verflechtung in Natur- und Sozialwissenschaften
AUSGEWÄHLTE PROJEKTE	Entwicklungsprojekt Thesaurussystem Umwelt. 1976-1977, Umweltbundesamt Projektleitung: Gernot Wersig, Gerd Beling Durchführbarkeitsstudie zur empirischen Herstellung von Kompatibilität zwischen den Ordnungssystemen terminologischer Datenbanken. 1977, Siemens Projektleitung: Gerd Beling, Gernot Wersig CEDEFOP-Thesaurus. 1979, CEDEFOP Europäisches Zentrum für Berufsbildung Projektleitung: Thomas Seeger, Gernot Wersig Abwicklung: PROGRIS Klassifikationssysteme in Information und Dokumentation – Nutzung und Möglichkeiten der Weiterentwicklung. 1980-1983, Bundesministerium für Forschung und Technologie Projektleitung: Gernot Wersig Wiss. Mitarbeit: Margarete Burkart-Sabsoub, Thomas Seeger Abwicklung: PROGRIS ausgewählte Publikationen Gernot Wersig: Die empirische Untersuchung der Nutzung von Klassifikationssystemen. Information und Dokumentation in der Bundesrepublik Deutschland. PR0GRIS, Berlin 1980 Margarete Burkart, Gernot Wersig: Nutzung von Klassifikationssystemen in deutschen IuD-Stellen. PROGRIS, Berlin 1981 Thomas Seeger, Margarete Burkart, Gernot Wersig: IuD-Stellen in der Bundesrepublik Deutschland - Repräsentativität einer Umfrage zur Nutzung von Klassifikationssystemen. PROGRIS, Berlin 1981

AUSGEWÄHLTE PUBLIKATIONEN	*Gernot Wersig, Ulrich Neveling*: Terminology of documentation. Paris: UNESCO 1976 *Gernot Wersig, Ulrich Neveling* (Redaktion): Terminologie der Information und Dokumentation. DGD-KTS. München 1976 *Gernot Wersig*: Thesaurus-Leitfaden. Eine Einführung in das Thesaurus-Prinzip in Theorie und Praxis. München - New York 1978 *H. Felber, F. Lang, G. Wersig* (Hrsg.): Terminologie als angewandte Sprachwissenschaft. Festschrift für Univ.-Prof. Dr. Eugen Wüster. München etc. 1979

INFORMATIONSMANAGEMENT

LEHR-BEAUFTRAGTE	Marianne Buder ❖ Margarete Burkart ❖ Karl-Heinz Fischer, Landesbildstelle ❖ Wolfgang Härth, Präsident des Abgeordnetenhauses ❖ Klaus-Dieter Heise ❖ Hans-Jürgen Jordan ❖ Christian Käferstein ❖ Wilfrid Kschenka ❖ Wolfrudolf Laux, Biologische Bundesanstalt ❖ Günter Lemke ❖ Horst-Werner Marschall ❖ Rudolf Muschalla, Deutsches Institut für Normung ❖ Karl-Wilhelm Neubauer ❖ Ulrich Neveling ❖ Wolf Rauch ❖ Thomas Seeger ❖ Kurt Specht, Schering AG ❖ Reinhard Supper ❖ Werner Schwuchow, Gesellschaft für Information und Dokumentation ❖ Dietmar Strauch ❖ Christian Weiske, Chemie Information und Dokumentation ❖ Dagmar Wünsche
AUSGEWÄHLTE LEHRVERANSTALTUNGEN	Interaktive Informationssysteme in Kabelpilotprojekten ❖ Aufbau von Experten- und Institutionendateien ❖ Bibliographie und Registererstellung ❖ Technik des Indexierens ❖ Probleme der Dokumentation im audiovisuellen Bereich ❖ Dokumentationssysteme für Parlamentsmaterialien ❖ Technik des Referierens ❖ Konferenzorientierte Informationsvermittlung ❖ Analytische und synthetische Verfahren der Dokumentenanalyse ❖ Dokumentation von Rechtsmaterialien in Fachinformationssystemen ❖ Dokumentation von Normen ❖ Aufbau und Benutzung von Online-Datenbanken ❖ Ökonomische Analyse von Informationssystemen ❖ Maschinelle Suche und SDI-Dienste ❖ Ordnungssystem zur Umweltinformation und –dokumentation ❖ Büroinformationssysteme ❖ Technik der Registererstellung ❖ Anwendung von Informationstechnologien ❖ Dokumentation Kommunikationsforschung und Massenkommunikation ❖ Integrierte Literatur- und Datendokumentation am Beispiel kommunaler Planungsdaten ❖ Ökonomischer Nutzen von Informationssystemen ❖ Informationsdienstleistungen ❖ Integrierte Literatur- und Datendokumentation
ABSCHLUSS-ARBEITEN	Erika Butzek: Indexierung zwischen Dokument und Benutzer ❖ Reinhard Supper: Neuere Methoden der intellektuellen Indexierung. Britische Systeme unter besonderer Berücksichtigung von PRECIS
AUSGEWÄHLTE PROJEKTE	Erarbeitung von Rationalisierungsvorschlägen für die Gestaltung der Kurzzeitarchive in den Pressereferaten der Bundesministerien. 977-1978, Bundesminister des Innern Projektleitung: Ulrich Neveling, M.A., Prof. Dr. Gernot Wersig

Chronik 1976 bis 1981

	ausgewählte Publikationen: Ulrich Neveling, Gernot Wersig: Leitfaden der Pressedokumentation BMI, Bonn 1980
AUSGEWÄHLTE PUBLIKATIONEN	*Gerd Beling, Gernot Wersig*: Register In: K. Laisiepen, E. Lutterbeck, K.-H. Meyer-Uhlenried (Hrsg.): Grundlagen der praktischen Information und Dokumentation, 2. Aufl.München etc. 1980, S. 426-450 *Gernot Wersig*: Gleichordnende Indexierung. In: K. Laisiepen, E. Lutterbeck, K.-H. Meyer-Uhlenried (Hrsg.): Grundlagen der praktischen Information und Dokumentation. 2. Aufl. München etc. 1980, S. 351-417 *Gernot Wersig*: Informationstätigkeit. In: K. Laisiepen, E. Lutterbeck, K.-H. Meyer-Uhlenried (Hrsg.): Grundlagen der praktischen Information und Dokumentation. 2. Aufl. München etc. 1980, S. 161-191 *Gernot Wersig*: Neue Dienstleistungen und Informationsvermittlung – Gedanken zum Modischen in der Information und Dokumentation. In: Nachrichten für Dokumentation Jg. 31/1980, Nr.4-5, S. 169-171

GESCHICHTE

LEHR-BEAUFTRAGTE	Helmut Arntz ❖ Marianne Buder ❖ Robert Harth, VDI ❖ Dietmar Strauch ❖ Gunther Windel
AUSGEWÄHLTE LEHRVER-ANSTALTUNGEN	Zur Geschichte der Dokumentation ❖ Die Praxis der Dokumentation nach dem 2. Weltkrieg ❖ Zur Geschichte und Struktur der Industriedokumentation ❖ Geschichte der Dokumentation 1900-1945 - Internationale Organisationen ❖ Frühgeschichte der nationalen Dokumentationsorganisationen
ABSCHLUSS-ARBEITEN	Rachel Gutmacher: Die Gründung der „Fédération Internationale de Documentation". Das „Institut International des Bibliographie" (IIB) 1895 – 1914
AUSGEWÄHLTE PROJEKTE	-
AUSGEWÄHLTE PUBLIKATIONEN	-

TECHNIKFOLGENABSCHÄTZUNG/ZUKUNFTS- UND TRENDFORSCHUNG

LEHR-BEAUFTRAGTE	Ernst Lutterbeck
AUSGEWÄHLTE LEHRVER-ANSTALTUNGEN	Technikfolgenabschätzung als Informationsproblem und -prozeß ❖ Entwicklungslinien der Informationstechnologie
ABSCHLUSS-ARBEITEN	DISSERTATION: Thomas Seeger: Die Delphi-Methode - Expertenbefragungen zwischen Prognose und Gruppenmeinungsbildungsprozessen

Chronik 1976 bis 1981

AUSGEWÄHLTE PROJEKTE	FIABID: Forschungsprojekt Integrierte Ausbildungskonzeption für den Tätigkeitsbereich Bibliothek, Information, Dokumentation. 1977-1980, Bundesministerium für Forschung und Technologie Gemeinschaftsprojekt von Arbeitsbereich Informationswissenschaft und Institut für Bibliothekarausbildung Projektleiter: Prof. Dr. Gernot Wersig, Prof. Detlef Skalski Wiss. Mitarbeiter: Marianne Buder, Renate Dopheide, Thomas Seeger, Gunther Windel ausgewählte Publikationen: M. Buder, R. Dopheide, U. Neveling, T. Seeger, D. Skalski, G. Wersig, G. Windel: FIABID-DELPHI. Ergebnisse einer Delphi-Studie über zukünftige Entwicklungen im Bibliotheks-, Informations- und Dokumentationswesen. Berlin 1977
AUSGEWÄHLTE PUBLIKATIONEN	*Wolf Rauch, Gernot Wersig* (Hrsg.): Delphi-Prognose in Information und Dokumentation. München - New York - London - Paris 1978 *Thomas Seeger, Gernot Wersig, Gunther Windel*: FIABID-PROGNOSE. Zusammenfassende Überlegungen zu der Entwicklung des Tätigkeitsbereiches Bibliothek, Information und Dokumentation bis 1990. Berlin 1978

RECHT/POLITIK

LEHRBE-AUFTRAGTE	Günter Lemke ❖ Dietmar Strauch ❖ Gunther Windel
AUSGEWÄHLTE LEHRVER-ANSTALTUNGEN	Soziale und politische Folgen technologischer Entwicklungen in der Information und Dokumentation ❖ Datenschutz und Freiheit der Information ❖ Informationsrecht und –politik ❖ Datenschutz im Telekommunikationsbereich ❖ Informationssoziologie und –politik ❖ Planung von Fachinformationssystemen
ABSCHLUSS-ARBEITEN	-
AUSGEWÄHLTE PROJEKTE	REGIS Berlin: Planungsstudie zur Einrichtung eines regionalen Infrastrukturzentrums für Information und Dokumentation in Berlin (West). 1979, Senator für Wissenschaft und Forschung des Landes Berlin Projektleitung: Prof. Dr. Gernot Wersig Mitarbeiter: Günter Lemke, Peter Meink, Horst-Werner Marschall, Ulrich Neveling, Gerd Paul, Thomas Seeger, Gerhard Vowe, Christiane Weidner Abwicklung: PROGRIS Analyse 14: Voruntersuchung organisatorischer, rechtlicher und technologischer Probleme im Fachinformationssystem Geisteswissenschaften. 1980, Bundesministeium für Forschung und Technologie Projektleitung: Gernot Wersig Wiss. Mitarbeit: Günter Lemke, Dietmar Strauch, Gerhard Vowe Abwicklung: PROGRIS

Chronik 1976 bis 1981

AUSGEWÄHLTE PUBLIKATIONEN	-

AUSBILDUNG/TÄTIGKEITSFELD

LEHR-BEAUFTRAGTE	Marianne Buder ❖ Thomas Seeger ❖ Gunther Windel
AUSGEWÄHLTE LEHRVER-ANSTALTUNGEN	Information und Dokumentation in den Sozialwissenschaften ❖ Tendenzen der Tätigkeitsfeldentwicklung in Information und Dokumentation ❖ Aktuelle Probleme der Information und Dokumentation ❖ Berufsbild und Status von Informationspersonal ❖ Empirische Forschungen zur Curriculumentwicklung in Information und Dokumentation
ABSCHLUSS-ARBEITEN	-
AUSGEWÄHLTE PROJEKTE	FIABID siehe unter „Technikfolgenabschätzung" ausgewählte Publikationen M. Buder, R. Dopheide, U. Neveling, T. Seeger, D. Skalski, G. Wersig, G. Windel: FIABID-Gegenstandsbereich. Bibliothek, Information und Dokumentation als Tätigkeits- und Berufsbereich. Berlin 1976 M. Buder, R. Dopheide, U. Neveling, T. Seeger, D. Skalski, G. Wersig, G. Windel: FIABID-UMFRAGE. Ergebnisse einer Umfrage zu Tätigkeitsanforderungen und Ausbildungsstrukturen im Tätigkeitsbereich Bibliothek, Information und Dokumentation. Berlin 1978 Thomas Seeger, Gernot Wersig, Gunther Windel: FIABID-CURRICULUM. Untersuchungen zum qualitativen Ausbildungsbedarf in Bibliothek, Information und Dokumentation und zu Strukturen und curricularen Ansätzen. Berlin 1979 M. Buder, R. Dopheide, U. Neveling, T. Seeger, D. Skalski, G. Wersig, G. Windel: Bibliothek, Information und Dokumentation als gegenwärtiger und zukünftiger Berufs- und Tätigkeitsbereich. BMFT-FB-ID 80-009, Berlin 1980 Gernot Wersig, Thomas Seeger, Gunther Windel: Zu einer integrierten Ausbildungskonzeption im Tätigkeitsbereich Bibliothek, Information und Dokumentation. BMFT-FB-ID 80-017, Berlin 1980 Survey of existing high-level training programmes for information specialists in the member states. 1978, Kommission der Europäischen Gemeinschaften Projektleitung: Jean Meyriat (Paris), Herbert Schur (Sheffield), Gernot Wersig
AUSGEWÄHLTE PUBLIKATIONEN	*Thomas Seeger, Gernot Wersig* (Hrsg.): Common features of training of information specialists. Frankfurt 1977 *Gernot Wersig, Thomas Seeger*: Future main trends of information systems and their implications for specialization of information personnel. Berlin 1978. Auch in: Int. Forum Inf. Doc., Jg. 3/1978, Nr. 4, S. 6-14 *Gernot Wersig*: Erfahrungen mit der informationswissenschaftlichen

> Ausbildung an der Freien Universität Berlin. In: Universität Konstanz: Informationswissenschaft. Dokumentation eines Kolloquiums. Konstanz 1978, S. 53-60
> *Gernot Wersig* (Hrsg.): Informations- und Dokumentationswissenschaft an der Freien Universität Berlin. Entwicklung, Stand und Perspektiven nach 10 Jahren. München etc. 1979
> *Gernot Wersig*: Tätigkeitsfelder im Archiv- und Dokumentationswesen. In: H.-D. Fischer (Hrsg.): Spektrum der Kommunikationsberufe. Köln 1979, S.213-224

INTERNATIONALES

LEHR-BEAUFTRAGTE	Hans-Werner Schober ❖ Dietmar Strauch
AUSGEWÄHLTE LEHRVERANSTALTUNGEN	Geschichte der Dokumentation 1900 - 1945 - Internationale Organisationen ❖ Vergleich des Informationswesens in der DDR und der BRD
ABSCHLUSSARBEITEN	Christel Dahme: Information und Dokumentation in Mexiko ❖ Eva Mikorey, Heiderose Rödel: Information und Dokumentation in Ostafrika
AUSGEWÄHLTE PROJEKTE	-
AUSGEWÄHLTE PUBLIKATIONEN	-

VISUELLE KOMMUNIKATION/MUSEUM

LEHR-BEAUFTRAGTE	Fischer ❖ Janos Frecot
AUSGEWÄHLTE LEHRVERANSTALTUNGEN	Probleme der Dokumentation im audiovisuellen Bereich ❖ Ausstellungsorganisation in der Praxis
ABSCHLUSSARBEITEN	-
AUSGEWÄHLTE PROJEKTE	-
AUSGEWÄHLTE PUBLIKATIONEN	-

1982-1987 Paradigmenwechsel: Vom Informationssystem zum Zusammenhang von Handeln und Information

Obwohl 1982 der Fachbereich dem Kuratorium der FU die Einrichtung einer Wissenschaftlichen Einrichtung Institut für Informationswissenschaft vorschlägt, bestätigt das Kuratorium den bisherigen Zustand, der Arbeitsbereich bleibt damit in der – vom Hochschulgesetz gar nicht vorgesehenen – Position einer fachbereichsunmittelbaren Einheit bis 1995.

1983 erläßt der Fachbereich Kommunikationswissenschaften einen neuen Studienplan Informationswissenschaft. Der FU-Präsident legt eine Ausstattungsplanung im Entwurf vor. Dieser wird 1984 erneut verändert. Auch diese Ausstattungsplanung wird in der Folgezeit nur über Lehraufträge realisiert, der Studienplan wird nicht bestätigt.

Mit einem Wechsel in der Leitung des zuständigen Referats im Bundesministerium für Forschung und Technologie kommt es zur vorfristigen Einstellung der Förderung der Informationswissenschaft im Rahmen des Bundesförderungsprogramms. Das 1984 in seiner ersten Etappe beendete Projekt INSTRAT (das auf weitere drei Jahre angelegt war) wird als INSTRAT 2 mit veränderter Thematik, eingeschränktem Umfang und deutlich verkürzt noch bis 1985 gefördert. INSTRAT 2 stellt insofern einen Wendepunkt dar, als darin erstmals nicht nur die Technikanwendungen thematisiert werden, sondern das wissenschaftliche Spektrum auch auf die durch die Technikentwicklung verändernde Kultur erweitert wird.

Im Zusammenhang mit der Neubesetzung der Wissenschaftlichen Mitarbeiter-Stelle mit Dr. Ralf-Dirk Hennings sowie der Erarbeitung der notwendigen Neukonzeption von INSTRAT 2 unter veränderten Förderungs- und Ausstattungskontexten kommt es fachintern zu Auseinandersetzungen, als deren Folge Wersig aus der Firma PROGRIS ausscheidet und die Kooperation der FU mit der Firma nicht weiter fortgesetzt wird.

1985 legt die Freie Universität einen umfassenden Strukturplan vor, in dem die Informationswissenschaft mit einer C4- und einer C3-Professur sowie drei Wissenschaftlichen Mitarbeiter-Stellen ausgewiesen wird. Der kulturorientierte Schwerpunkt, der mit INSTRAT 2 geöffnet wurde, trägt bereits erste Früchte in der Bewilligung eines Forschungsprojekts im Rahmen der Berlin-Forschung zur Untersuchung der Wirksamkeit von öffentlichkeitswirksamen Maßnahmen von Museen und Ausstellungen. Dieses bis 1987 laufende Projekt eröffnet eine Kooperation mit dem Institut für Museumskunde der Stiftung Preußischer Kulturbesitz und ab 1988 eine Förderung durch die Robert Bosch-Stiftung.

1986 muß der Studienplan Informationswissenschaft aufgrund von veränderten Rahmenbedingungen für Studienpläne erneut erlassen werden. Die Verschlechterung der Haushaltslage der FU führt dazu, daß der für die FU insgesamt beschlossene Strukturplan und damit der Ausbau der Informationswissenschaft nicht realisiert werden. Die nunmehr nicht mehr durch BMFT-Mittel auszugleichenden Kapazitätsengpässe in der Lehre führen zur Erarbeitung eines Konzentrationsprogramms insbesondere für das Grundstudium. Dafür werden sechs Vorlesungen als Grundlage erarbeitet und in Form von Skripten vorgelegt (1: Strukturen der Informationsvermittlung, 2: Wissensorganisation und –repräsentation, 3:Informationsgesellschaft: Folgen und Auswirkungen, 6: Informationsgesellschaft und Informationskultur). Um das Programm mit dem Personal sichern zu können, wird nur noch einmal im Jahr neu zum Studium zugelassen. In den Mittelpunkt des Hauptstudiums rücken nunmehr die Anwendungen der neuen Informations- und Kommunikationstechnologien mit ausgewählten Schwerpunkten wie

Künstliche Intelligenz und Organisations-Kommunikation. Mit letzterem Schwerpunkt verknüpft war auch der Abschluß einer Kooperationsvereinbarung mit der Neef Kommunikations-Netzwerke Beratungs- und Planungs-GmbH, Karlsruhe.

Der diese neuen Entwicklungen umsetzende Studienplan wird 1987 vom Akademischen Senat beschlossen, aber von der Senatsverwaltung für Wissenschaft und Forschung mit Hinweis auf die fehlende Ausstattung nicht bestätigt. Die Senatsverwaltung fordert die FU auf, entweder das Fach entsprechend auszustatten oder es als Hauptfach zu streichen. Der Präsident der FU (Prof. Heckelmann) erklärt seine Absicht, diese Streichung vorzunehmen.

PERSONEN	PROFESSOR: Prof. Dr. Gernot Wersig WISSENSCHAFTLICHER MITARBEITER: Dr. Gerhard Vowe, ab 1983 Dr. Ralf-Dirk Hennings SEKRETARIAT: Rosemarie Charlotte Dorloff STUDENTISCHE HILFSKRAFT: Stefan Grudowski

THEORIE

LEHR- BEAUFTRAGTE	Uwe-Jens Engel ❖ Monika Kallfass ❖ Petra Schuck-Wersig ❖ Thomas Seeger ❖ Leonidas Vrachliotis ❖ Gunther Windel
AUSGEWÄHLTE LEHRVER- ANSTALTUNGEN	Kommunikation und Sprache ❖ Neue Tendenzen in der Kommunikationstheorie ❖ Informationswissenschaftliche Ansätze zum Kulturbegriff der Nach-Moderne ❖ Identitätssymbolik im Alltag ❖ Entwicklung der Leistungsmerkmale von Kommunikationsmitteln ❖ Informationswissenschaftliche Aspekte von Zeichen ❖ Information und Wandel kultureller Selbstverständnisse ❖ Einführung in die Logik ❖ Grundfragen des Theorie-/Empirieverhältnisses in der Information und Dokumentation ❖ Lektüre neuerer Werke zur Kommunikationstheorie ❖ Lebensweltliches Wissen und Informationsprozesse ❖ Informationswissenschaftliche Methoden ❖ Die Brückenfunktion der Informationswissenschaft ❖ Integrationsprobleme der gesellschaftlichen Kommunikation ❖ Wissensrepräsentation und -organisation ❖ Strukturen der Informationsvermittlung ❖ Wissensorganisation und informationelles Befindlichkeitsmanagement
ABSCHLUSS- ARBEITEN	-
AUSGEWÄHLTE PROJEKTE	Projekt INSTRAT: Informationssysteme als informationspolitisches Gestaltungspotential und gesellschaftliche Entwicklungsstrategie. Informationswissenschaftliche Grundlagen organisierter Information und Kommunikation als Komponenten individueller und gesellschaftlicher Problembewältigung. 1981-1984, Bundesministerium für Forschung und Technologie Projektleiter: Prof. Dr. Gernot Wersig Wiss.Mitarbeiter: Marianne Buder, Ralf-Dirk Hennings, Thomas Seeger, Gunther Windel

	Stud. Hilfskräfte: Monika Kallfass, Marlies Klöckling, Petra Schuck ausgewählte Publikationen: Gernot Wersig et. al.: Information und Handeln - Orientierungsmuster zur Funktion der Informationstätigkeit für individuelle und gesellschaftliche Problembewältigung. PROJEKT INSTRAT, Berlin 1982, FUB-IFB 7/1982
AUSGEWÄHLTE PUBLIKATIONEN	*Gernot Wersig*: MONSTRAT: The intellectual architecture of information systems. In: R. Trappl (Hrsg.): Cybernetics and System Research. North-Holland. Publishing, 1982, S. 837-842 *Gernot Wersig*: Trennen sich die Wege? Neue Orientierungsmuster der Informationswissenschaft angezeigt. In: Nachrichten für Dokumentation, Jg.33/1982, 5.213-218 *Gernot Wersig, Gunter Windel*: Information science needs a theory of „Information actions". Social Science Information Studies Vol.5/1985, S.11-23

INFORMATIONSGESELLSCHAFT

LEHR- BEAUFTRAGTE	Doris Habermann ❖ Philipp Sonntag, Wissenschaftszentrum Berlin ❖ Gunther Windel
AUSGEWÄHLTE LEHRVER-ANSTALTUNGEN	Informatisierung – Fortschritt oder Bedrohung? ❖ Wege in die Informationsgesellschaft ❖ Information und Dokumentation in Staat und Gesellschaft ❖ Wissenschaft und Öffentlichkeit – Realität und Alternative in der Genforschung ❖ Informationsgesellschaft: Folgen und Auswirkungen ❖ Informationsgesellschaft und Informationskultur ❖ Die Rolle der Frau im Management als angewandte Informationswissenschaft
ABSCHLUSS-ARBEITEN	Beata Berta: Der Einfluß der „neuen sozialen Bewegungen" auf die „Informationsgesellschaft" am Beispiel der Dezentralisierungsproblematik ❖ Petra Fritsche: Positionen zur Ästhetik der Moderne unter besonderer Berücksichtigung der Kritischen Theorie Adornos ❖ Michael Rausch: Die Informationsgesellschaft aus der Sicht der „Chefdenker" der Parteien ❖ Cornelia Schmidt: Selbsthilfegruppen und ihr Beitrag zur Information und Kommunikation im Gesundheitswesen
	DISSERTATION: Gerhard Vowe: Integration von Wissenschaft und Gesellschaft: Der Beitrag von Information und Kommunikation
AUSGEWÄHLTE PROJEKTE	INSTRAT siehe unter „Theorie" ausgewählte Publikationen: Ralf-Dirk Hennings, Monika Kallfass, Gerhard Vowe, Gernot Wersig: Informationssysteme als informationspolitisches Gestaltungspotential und gesellschaftliche Entwicklungsstrategie. In: Deutscher Dokumentartag 1982, New York – London - Paris 1983, S.181-204 INSTRAT 2: Die Veränderung der Fachinformation als Kulturfaktor (1984-1985, bundesministerium für Forschung und Technologie) Projektleiter: Prof. Dr. Gernot Wersig

	Wiss.Mitarbeiter: Petra Schuck-Wersig, Gunther Windel ausgewählte Publikationen: Petra Schuck-Wersig, Gernot Wersig, Gunther Windel: Informationskultur und Kommunikation. Endbericht des Projekts „Die Veränderung der Fachinformation als Kulturfaktor". Berlin: Arbeitsbereich Informationswissenschaft, März 1985 Petra Schuck-Wersig, Gernot Wersig: Ansätze zum Kulturverständnis der Moderne. Notizen zweier Seminare im WS 1984/85. Berlin: Arbeitsbereich Informationswissenschaft, 1985
AUSGEWÄHLTE PUBLIKATIONEN	*Gernot Wersig* (Hrsg.): Informatisierung und Gesellschaft. Wie bewältigen wir die neuen Informations- und Kommunikationstechnologien? München etc. 1983 *Thomas Seeger, Gernot Wersig*: The Communicative Revolution: Technology Integration, Interaction, Distributed Systems. In: K.R. Brown (Hrsg.): The Challenge of Information Technology. North-Holland Publications 1983 *Gerhard Vowe, Gernot Wersig*: „Kabeldemokratie" - der Weg zu Informationskultur. In: Aus Politik u. Zeitgeschichte. B34/83, S.15-22 *Nick J.Belkin, Ralf-Dirk Hennings, Thomas Seeger, Gunther Windel, Gernot Wersig*: Mass Informatics and Their Implications for Everyday Life. IFID Paris 1983, abgedruckt in R.E.A. MASON (ed.): Information Processing 83. North-Holland Publications 1983, S.583-587 *Gernot Wersig*: Informationsindustrie, Informationsgewerbe oder Informationsinitiative - Was verändert die Informationslandschaft? In: Deutscher Dokumentartag 1982, New York-London-Paris 1983, S.66-78 *Gernot Wersig*: Die strategischen Herausforderungen durch die neuen Informations- und Kommunikationstechnologien. In: T. Borbé (Hrsg.): Mikroelektronik. Die Folgen für die zwischenmenschliche Kommunikation. Berlin 1984, S.133-145 *Gernot Wersig*: Die kommunikative Revolution. Strategien zur Bewältigung der Krise der Moderne. Wiesbaden: Westdeutscher Verlag, 1985 Gernot Wersig: Das Kreuz der Fachinformation: Esoterik, Marginalie, Magie oder wohin? In: Deutscher Dokumentartag 1984. München etc. 1985, S.73-84 *Gernot Wersig*: Die kommunikative Revolution. Die Rolle der Arbeitssphäre. In: W. Remmele, M. Sommer (Hrsg.): Arbeitsplätze morgen. Stuttgart 1986, S.254-271 *Gernot Wersig*: Informations-Explosion oder Quatsch-Explosion. In: Cogito 1987 Teil I:Nr.1, S.44-48, Teil II: Nr.2, S. 32-35

INFORMATIONSHANDELN

LEHR- BEAUFTRAGTE	Monika Kallfass ❖ Peter Otto ❖ Thomas Seeger ❖ Gunther Windel
AUSGEWÄHLTE LEHRVER-	Kognitive Aspekte der Informationsverarbeitung ❖ Simulation mit formalen Modellen ❖ Probleme und Methoden der Akzeptanzforschung ❖

ANSTALTUNGEN	Kommunikatives Handeln ❖ Inhaltsanalyse von Problembeschreibungen ❖ Information und Kommunikation als Konfliktgegenstand und Konfliktregulierung
ABSCHLUSS-ARBEITEN	Wolfgang Blohm: Information und Kommunikation bei den Verbänden der Freien Wohlfahrtspflege als Voraussetzung für eine effektive Zusammenarbeit. Stand und Perspektiven am Beispiel der Arbeiterwohlfahrt der Stadt Berlin e.V. ❖ Ute Figgel, Bärbel Zimmermann: Qualitative Benutzerforschung - Aktion-/Handlungsforschung als empirischer Ansatz in der Benutzerforschung. Ein Ableitungsversuch und dessen empirische Präzisierung ❖ Susanne Plagemann: Zur Rolle von Information und Kommunikation bei Konflikt und Konfliktbewältigung ❖ Alexander Straube: Beschreibung und Modellierung von Dialogstrukturen. Exemplarische Modellierung von Dialogstrukturen innerhalb eines Verkaufsgesprächs ❖ Doris-Betty Wolf-Zweifler: Gesprächsanalyse und Probleme der Verständigung in wissenstransferierender Beratungssituation. Konversationsanalytische Analyse von Beratungsgesprächen unter besonderer Berücksichtigung der Problemeingrenzung
AUSGEWÄHLTE PROJEKTE	-
AUSGEWÄHLTE PUBLIKATIONEN	*Gernot Wersig, Gunther Windel, Susanne Plagemann*: Benutzerforschung im Aufbruch - Stand und Perspektiven von Theorie und Methodik der Benutzerforschung in Information und Dokumentation. In: BMFT-Schriftenreihe Information und Dokumentation 1982

TECHNIK

LEHR-BEAUFTRAGTE	Jörg Bechlars ❖ Beckmann ❖ Rolf Bleher ❖ Till von Coburg ❖ Constanze Flaskamp, Werbeagentur Flaskamp ❖ Wolfgang Gisbert ❖ Andreas Hartung ❖ Dieter Kolb, Siemens ❖ Christian Mentzel ❖ Frank Müller-Römer, Bayerischer Rundfunk ❖ Andreas Neef ❖ Gunter Nissen ❖ Peter Otto ❖ Karl-Wolfgang Rebel ❖ Richard M. Riedel, Fachhochschule für Wirtschaft ❖ Peter Spohn, Nixdorf ❖ Eduard Scheiterer, Siemens ❖ Manfred Schmitz ❖ Franz Schönborn, Landespostdirektion ❖ Gerd Timmermann ❖ Christiane Weidner ❖ Bernd Willim ❖ Ulrich Wunderling
AUSGEWÄHLTE LEHRVER-ANSTALTUNGEN	Teleconferencing: Modelle und Einsatzmöglichkeiten ❖ Information Retrieval ❖ Farb-Grafik ❖ AV-Medien - Standards und Konfigurationen ❖ Einführung in Bildschirmtext ❖ Btx: Anwendungs- und Integrationsbeispiele ❖ Laserdisc-Technologien ❖ Electronic Mail ❖ Das ISO-Modell und dessen Realisierung im Btx-Netzwerk ❖ Büroautomation und optische Speichermedien ❖ Technik und Dienste der öffentlichen Kommunikationsnetze ❖ Probleme grafischer Informationsverarbeitung ❖ Programmieren mit PASCAL ❖ Minicomputereinsatz für Zwecke der Fachinformation ❖ Bildplatte und Mikrocomputer im Bereich technologisch-gestützter Lernsysteme ❖ INTERLISP II – Implementierungen von MONSTRAT-Komponenten ❖ Künstliche Intelligenz in Expertensystemen ❖ Einführung in die Praxis von Mikrocomputern ❖ Knowled-

	ge Engineering/Expertensysteme ❖ LOOPS ❖ Problemlösungen mit verschiedenen Expertensystem-Shells ❖ Öffentliche Breitbandnetze – derzeitige und künftige Nutzungsmöglichkeiten
ABSCHLUSS-ARBEITEN	Doris Baxmeier: Dienste und Nutzungsmöglichkeiten des geplanten öffentlichen Breitbandnetzes (Breitband-ISDN) ❖ Knud Böhle: Elektronisches Publizieren in den achtziger Jahren im Kontext technologischerEntwicklungslinien unter Berücksichtigung sozialer Interessen ❖ Helmut Hägele: Verbraucherinformation im Bildschirmtext ❖ Jörg Katenbrink: Implementierung einer Komponente für Expertensysteme zur Modellierung von Benutzern in einer ojektorientierten InterLISP-Programmierumgebung in BS 2000 ❖ Angelica Lange: Der Computer als Berater ❖ Susanne Lehert: Computer in die Schulen? ❖ Ingeborg Mehser: Formen und Möglichkeiten von Expertensystemen ❖ Norbert Staudt: Der Einsatz von Bildschirmtext als Vertriebsweg
AUSGEWÄHLTE PROJEKTE	INSTRAT siehe unter „Theorie" ausgewählte Publikationen: Thomas Seeger (Hrsg.): Information systems as collectives of cooperating functional experts. Berlin 1982, INSTRAT Ralf-Dirk Hennings et al (Hrsg.): Informations- und Kommunikationstechnologien der Zukunft. Berlin 1982, INSTRAT Gernot Wersig; Ralf-Dirk Hennings: The Intellectual Architecture of Information Systems. IRFIS 5, Heidelberg 1983, abgedruckt in H.J. Dietschmann (Hrsg.): Representation and Exchange of Knowledge as a Basis for Information Processes. North-Holland Publications 1984, S.7 30
AUSGEWÄHLTE PUBLIKATIONEN	*Gernot Wersig*: Folgen des Einsatzes von Bürocomputern. In: DGD (Hrsg.): Deutscher Dokumentartag 1981. München etc. 1982, S. 174-183 *Nick J. Belkin, Thomas Seeger, Gernot Wersig*: Distributed Expert Problem Treatment as a Model for Information Systems Analysis and Design. In: Journ. Inf. Sci. Vol.5/1983, S. 153-167 *Gernot Wersig*: Bedingungen der Weiterentwicklung benutzerfreundlicher Informationssysteme. Österreichischer Dokumentartag Graz 1983 *Gernot Wersig*: Btx ist eine Übergangsform. In: Elektronik Journal Jg.20/Nr.12/27.6.1984, S.28-34 *Gernot Wersig, Petra Schuck-Wersig, Ralf-Dirk Hennings*: Entwicklungstendenzen analoger und digitaler visueller Speichermedien. In: B. Geiß, H. Rudolph (Hrsg.): Bildplatten im Hochschulbereich. Göttingen 1987, S. 69-78

ORDNUNG/SPRACHE

LEHR-BEAUFTRAGTE	Margarete Burkart-Sabsoub
AUSGEWÄHLTE LEHRVERANSTALTUNGEN	Empirische Untersuchung zur Nutzung von Klassifikationssystemen ❖ Enzyklopädische Wissensorganisation ❖ Wissensstrukturen für Expertensysteme

ABSCHLUSS-ARBEITEN	Peter Meink: Chemische Linearnotation als Hilfsmittel in Information und Dokumentation ❖ Edwin Schöllnhammer: Möglichkeiten und Grenzen der Synopse in Information und Dokumentation
AUSGEWÄHLTE PROJEKTE	Klassifikationssysteme in Information und Dokumentation – Nutzung und Möglichkeiten der Weiterentwicklung. 1980-1983, Bundesministerium für Forschung und Technologie Projektleitung: Gernot Wersig Wiss. Mitarbeit: Margarete Burkart-Sabsoub, Thomas Seeger Abwicklung: PROGRIS ausgewählte Publikationen: Margarete Burkart, Gernot Wersig: Die Nutzung der DK in der Bundesrepublik Deutschland und Österreich. PROGRIS, Berlin 1982 Margarete Burkart-Sabsoub, Gernot Wersig: Klassifikationssysteme in Information und Dokumentation in der Bundesrepublik Deutschland. 2 Bde. Berlin 1982, PROGRIS Margarete Burkart-Sabsoub, Gernot Wersig: Kombinatorischer Einsatz von Dokumentationssprachen. Berlin 1982, PROGRIS Margarete Burkart-Sabsoub, Gernot Wersig: Perspektiven für Klassifikationssysteme in neueren Entwicklungen der Informationspraxis. Berlin 1982, PROGRIS
AUSGEWÄHLTE PUBLIKATIONEN	*Margarete Burkart-Sabsoub, Gernot Wersig*: Klassifikationssysteme in Information und Dokumentation. Nutzung und Möglichkeiten der Weiterentwicklung. BMFT Schriftenreihe Information und Dokumentation 1983 *Gernot Wersig*: Thesaurus-Leitfaden. 2. erg. Aufl. München etc. 1985

INFORMATIONSMANAGEMENT

LEHR-BEAUFTRAGTE	Walter Beckmann ❖ Hans-Peter Boell ❖ Hans-Reinhold Gokl ❖ Walter Kirchner ❖ Wolfrudolf Laux, Biologische Bundesanstalt ❖ Wolf Rauch ❖ Werner Rehfeld, Gesellschaft für Information und Dokumentation ❖ Klaus Werner Rößel, Sony ❖ Eckart Schibber ❖ Reinhard Supper ❖ Urs Schöpflin, Max-Planck-Institut für Bildungsforschung ❖ Dietmar Strauch ❖ Karl-Hinrich Vöge, Nixdorf ❖ Christiane Weidner ❖ Gunther Windel ❖ Dagmar Wünsche
AUSGEWÄHLTE LEHRVER-ANSTALTUNGEN	Praxis der Informationsvermittlung ❖ Informationsmanagement (-ökonomie) ❖ Arbeitsabläufe in Dokumentationsstellen und Spezialbibliotheken ❖ Bibliographie und Registererstellung ❖ Integrierte visuelle Informationsdienste ❖ Bürokommunikation mit digitalen Netzen ❖ Probleme der Überleitung von manuellen zu teilautomatisierten Arbeitsverfahren in Informationssystemen ❖ Entwicklungslinien organisationsinterner Kommunikation ❖ Grundlagen und Einsatzformen der Bildplatte ❖ Bearbeitung und Benutzung von Archivmaterialien ❖ Fachinformation für die Öffentlichkeit - Fachinformation durch die Öffentlichkeit? ❖ Wissenschaftsinformation

ABSCHLUSS-ARBEITEN	Ulf Dohrmann: Aspekte der Mediendokumentation – dargestellt am Beispiel von Tondokumenten zur Zeitgeschichte ❖ Christopher Larson: Zur Konstruktion persönlicher Ablagesysteme
AUSGEWÄHLTE PROJEKTE	Kommunikationsanalyse bei der Deutschen Forschungs- und Versuchsanstalt für Luft- und Raumfahrt. 1987, DFVLR Projektleiter: Prof. Dr. Gernot Wersig Abwicklung: Neef Kommunikationssysteme Karlsruhe
AUSGEWÄHLTE PUBLIKATIONEN	*Gernot Wersig*: Information und Dokumentation und neue Technologien. In: DGD (Hrsg.): Deutscher Dokumentartag 1981. München etc. 1982, S. 651-659 *Gernot Wersig*: Kann Marketing die Informationsvermittlung retten – Perspektiven eines überschätzten Hobbies? In: Strategien des Informationsmarketings. Fraunhofer-Institut für Systemtechnik und Innovationsforschung, 19.-20. Nov. 1987 Düsseldorf

GESCHICHTE

LEHRBEAUFTRAGTE	Marianne Buder ❖ Uwe-Jens Engel ❖ Heide Riedel, Rundfunkmuseum
AUSGEWÄHLTE LEHRVERANSTALTUNGEN	Probleme der Informationsgeschichte ❖ Zur Geschichte der Informationstechnik
ABSCHLUSS-ARBEITEN	Silvia Lehmann: Entwicklungen und Funktionsveränderungen der Schrift als Mittel der Informationsvermittlung
AUSGEWÄHLTE PROJEKTE	-
AUSGEWÄHLTE PUBLIKATIONEN	-

TECHNIKFOLGENABSCHÄTZUNG/ZUKUNFTS- UND TRENDFORSCHUNG

LEHRBEAUFTRAGTE	Werner Rehfeld, Gesellschaft für Information und Dokumentation ❖ Philipp Sonntag, Wissenschaftszentrum Berlin ❖ Lutz Thele, Fernmeldezeugamt ❖ Rolf Zimmermann, Dornier
AUSGEWÄHLTE LEHRVERANSTALTUNGEN	Entwicklung alternativer Informationssysteme – Informationsmärkte und Informationsprodukte ❖ Technologiefolgenabschätzung ❖ Menschenrechte Informations- und Kommunikationstechnologien ❖ Zukunft breitbandiger Kommunikationsdienste ❖ Perspektiven der nachrichtentechnischen Entwicklung ❖ Stand und Entwicklungstrends der Telekommunikationstechnik aus der Sicht der Deutschen Bundespost
ABSCHLUSS-ARBEITEN	-
AUSGEWÄHLTE PROJEKTE	Strategic Analysis of New Information Technologies. 1983, Kommission der Europäischen Gemeinschaften

	Projektleitung: Arthur D. Little Projektdurchführung: Gernot Wersig Abwicklung: PROGRIS Ausgewählte Publikationen: Arthur D. Little International: Strategic Analysis of New Information Technologies. Final Report for the Commission of the European Communities. Wiesbaden Juli 1983
AUSGEWÄHLTE PUBLIKATIONEN	*Gernot Wersig*: Ansätze und Zielsetzungen bei der Einsatzforschung für neue Informations- und Kommunikationstechnologien. In: H. Müller, D. Strauch (Hrsg.): Wirkungs- und Begleitforschung für neue Kommunikationstechnologien. DGD-Schrift (KtK-1) 4/83, Frankfurt a.M. 1983, S.8-18 *Gernot Wersig*: Folgen des Einsatzes von Bürocomputern. In: DSWR 9/83, S.213-217, auszugsweise Computerwoche Nr.45 u. 46, 1983 *Gernot Wersig*: Zur „Informatisierung" betrieblicher Kommunikationsprozesse: Eine Zukunftsbeschreibung. In: G. Theuer, W. Schiebel (Hrsg.): Tele-Selling. Marketing über Bildschirmtext. Landsberg 1984, S.39-52 *Petra Schuck-Wersig, Gernot Wersig* (Hrsg.): Akzeptanz neuer Kommunikationsformen. Forschung als Begleitung, Programm oder Folgenabschätzung? München etc. 1985

RECHT/POLITIK

LEHR-BEAUFTRAGTE	Alexander Dix ❖ Hansjürgen Garstka, Berliner Datenschutzbeauftragter ❖ Günter Lemke ❖ Hanswalter Schramm ❖ Gunther Windel
AUSGEWÄHLTE LEHRVERANSTALTUNGEN	Probleme des Telekommunikationsrechts ❖ Einführung in das Informationsrecht ❖ Informationssoziologie, -politik und –recht ❖ Informationswissenschaft und Fachinformation ❖ Informationspolitik und Entwicklung des IuD-Wesens ❖ Rechtsprobleme des EDV-Einsatzes in Wirtschaft und Verwaltung
ABSCHLUSSARBEITEN	Birgit Hölscher: Auswirkungen von Mittelkürzungen auf die Arbeit öffentlicher Informations- und Dokumentationseinrichtungen - mit einer Fallstudie beim Deutschen Institut für Urbanistik ❖ Heike Liß: Datenschutz in der Verwaltung am Beispiel des Verwaltungsbereichs „Meldewesen" ❖ Ernst-Michael Oberdieck: Dokumentation in den Publizistischen Medien und Probleme des Datenschutzes unter Berücksichtigung des „Medienprivilegs"
AUSGEWÄHLTE PROJEKTE	Informationskonzeption für die Fachinformation in Österreich. 1985, Bundesminister für Wissenschaft und Forschung der Republik Österreich Projektleitung: Prof. Dr. Gernot Wersig, Dr. Wolf D. Rauch ausgewählte Publikationen: W. Rauch, H. Schläger, G. Wersig: Informationskonzeption. Fachinformation für Österreich. Wien: Bundesminister für Wissenschaft und Forschung, 1985

AUSBILDUNG/TÄTIGKEITSFELD

LEHR-BEAUFTRAGTE	Marianne Buder ❖ Magdalene Deters ❖ Barbara Martin ❖ Werner Rehfeld, Gesellschaft für Information und Dokumentation ❖ Karen Seeger-Riemer ❖ Gunther Windel
AUSGEWÄHLTE LEHRVER-ANSTALTUNGEN	Neue Berufe im Informationsbereich ❖ Veränderung geschlechtsspezifischer Arbeitsplätze durch IuK-Technologien ❖ Frauen in der Information - Information für Frauen ❖ Analyse des informationswissenschaftlichen Stellenmarktes ❖ Öffentlichkeitsarbeit und Fachinformation ❖ Neue Berufe im Informationsbereich
ABSCHLUSS-ARBEITEN	Beate Schwichtenberg: Der Britische Stellenmarkt für Informationswissenschaftler. Eine empirische Untersuchung des Anzeigenteils ausgewählter britischer Tageszeitungen
AUSGEWÄHLTE PROJEKTE	-
AUSGEWÄHLTE PUBLIKATIONEN	*Thomas Seeger, Gernot Wersig*: Information Science Education between „Documentalization" and „Informatization". In: Educ. for Inform. Vol.1/1983, S. 47-57

INTERNATIONALES

LEHR-BEAUFTRAGTE	Werner Rehfeld, Gesellschaft für Information und Dokumentation
AUSGEWÄHLTE LEHRVER-ANSTALTUNGEN	Staatliche Verantwortung für die Fachinformation - Vergleiche nationaler Programme und ihrer jeweiligen Informations- und Förderungspolitik
ABSCHLUSS-ARBEITEN	Sophie Elisabeth James: „Online Searching" durch den „End User"? Eine Auswertung der Diskussion um den Endbenutzer von computergestützten Datenbanksystemen in den Vereinigten Staaten von Amerika ❖ Marlies Klöckling: Kommunikationspolitik als Entwicklungsstrategie für Länder der Dritten Welt unter besonderer Berücksichtigung des Nord-Süd-Konflikts ❖ Manfred Seidel: Die Entwicklung des Informationswesens in Brasilien. Aufgezeigt an Bedingungen, Herausbildung Werdegang und den Resultaten von Planungen zu einem nationalen wissenschaftlich-technischen Informationssystem
AUSGEWÄHLTE PROJEKTE	-
AUSGEWÄHLTE PUBLIKATIONEN	-

VISUELLE KOMMUNIKATION/MUSEUM

LEHR-BEAUFTRAGTE	Ulrich Giersch ❖ Winfried Göpfert, Sender Freies Berlin ❖ Bernhard Graf, Institut für Museumskunde ❖ Walter Kirchner ❖ Werner Rehfeld, Gesellschaft für Information und Dokumentation ❖ Bodo Rollka ❖ Martina Schneider ❖ Petra Schuck-Wersig
AUSGEWÄHLTE LEHRVER-ANSTALTUNGEN	Dokumentation von Spuren als ästhetisches Verfahren ❖ Beurteilungen von Wissenschaftssendungen im Fernsehen ❖ Wirksamkeit öffentlichkeitsorientierter Maßnahmen für Museen und Ausstellungen ❖ Integrierte visuelle Informationsdienste ❖ Ausstellungsgestaltung ❖ Rezeptionsbedingungen integrativer Präsentationsformen ❖ Informationssysteme als Manipulationssysteme ❖ Integrierte visuelle Informationsdienste ❖ Museen und Marketing ❖ Theorie der visuellen Kommunikation und Ausstellungskritik ❖ Ausstellungsevaluation zur 750-Jahr-Feier Berlin ❖ Ausgewählte Probleme zur Geschichte der Werbung und PR (Kampagnenanalyse) ❖ Museumsdidaktik
ABSCHLUSS-ARBEITEN	Götz Klatt: Grundlagen der Messe- und Ausstellungsorganisation ❖ Klaus Körber: Neurophysiologische Forschungsergebnisse zur visuellen Informationsverarbeitung und deren Verwertbarkeit für die Informationswissenschaft ❖ Petra Schuck: Museen als informationswissenschaftliches Objekt - dargestellt an neueren Trends ästhetisch unterstützter Informationsvermittlung ❖ Heidemarie Strehl: Komplexe Informationssituationen im Bereich von Wissenschaft und Wirtschaft: Die Kombination von Messe, Ausstellung und Kongress
AUSGEWÄHLTE PROJEKTE	Wirksamkeit öffentlichkeitsbezogener Maßnahmen für Museen und kulturelle Ausstellungen. 1986-1987, Berlin-Forschung Projektleiter: Prof. Dr. Gernot Wersig Wiss. Mitarbeiter: Martina Schneider, Petra Schuck-Wersig Publikationen siehe 1988-1994
AUSGEWÄHLTE PUBLIKATIONEN	*Martina Schneider, Petra Schuck-Wersig, Gernot Wersig*: Der Besucher - Das Mixtum Compositum. In: E. Nuissl, U. Paatsch, C. Schulze (Hrsg.): Wege zum lebendigen Museum. Heidelberg: AfeB, 1987, S.174-176 *Petra Schuck-Wersig, Gernot Wersig*: Die Lust am Schauen oder Müssen Museen langweilig sein? Berlin 1986 *Petra Schuck-Wersig, Gernot Wersig*: Das Potential des Bildes. Zur Funktionsveränderung visueller Kommunikation. In: Rundfunk und Fernsehen Nr.1/1986, S.44-63 *Petra Schuck-Wersig, Gernot Wersig*: Vor einer neuen Ära des Bildes? Die zunehmende Rolle visueller Informationsvermittlung. In: GDI-Impuls Nr1, 1987, S. 33-40 (abgedruckt in Jahrbuch der Industriewerbung 1987, Wiesbaden 1987, S.154-160)

1988-1994   Ausfaltung: Organisation, Mobilität, Kultur, Wissen, Kommunikation

Gegen die drohende Reduzierung der Informationswissenschaft auf ein Nebenfach setzen sich das Fach und seine Freunde zur Wehr mit dem Ergebnis, daß der Akademische Senat 1988 einen erneuten Ausstattungsbeschluß faßt, nach dem das Fach mit einer C4-, einer C3-, einer C1- und einer Wissenschaftlichen Mitarbeiter-Stelle ausgestattet und einer neu zu gründenden Wissenschaftlichen Einrichtung Publizistik und Kommunikationsforschung angegliedert werden soll. Damit ist das Fach erst einmal gerettet und kann von einer Konsolidierung träumen.

Allerdings liegt es im Charakter des Faches, das immer mehr die Notwendigkeit herausarbeitet, die Kluft zwischen den Informations- und Kommunikationstechnologien auf der einen Seite und den Menschen als Anwendern in ihrer individuellen Bestimmtheit und kulturellen Einbettung auf der anderen Seite zu überbrücken, daß es auch immer wieder von außen kommenden Veränderungsdrücken ausgesetzt ist. 1988 ist dies einerseits die Beendigung der Kooperation mit der Neef Kommunikations-Netzwerke Beratungs- und Planungs-GmbH aufgrund einer Änderung der Geschäftspolitik des Kooperationspartners, andererseits der Beginn der Förderung der Untersuchung des Museums-Marketing durch die Robert Bosch-Stiftung. Die Museumsforschung wird fortan ein wichtiger Schwerpunkt der Arbeiten.

1989 ist an den Berliner Universitäten ein unruhiges Jahr, das Wintersemester 1989/90 fällt praktisch den Streikaktivitäten zum Opfer. Ein Opfer der entstandenen Situation ist die Aufhebung der Strukturbeschlüsse von 1988. Sowohl aus den geänderten Vorgaben für Studien- und Prüfungsordnungen als auch aus dem neuen Reformschub erwächst eine neue Studienordnung, für die aber weiterhin nur die jährliche Zulassung gilt.

1990-92 sind Jahre, in denen einerseits an der Realisierung der neuen Studienordnung gearbeitet wird, die gemeinsam mit einer Zwischenprüfungsordnung (diese allerdings nur für einen Erprobungszeitraum) für das Fach Informationswissenschaft 1992 in Kraft tritt – zum ersten Mal verfügt das Fach Informationswissenschaft über eine in Kraft getretene Studienordnung, bis dahin wurde zwar das Studium nach immer wieder wechselnden Studienordnungen abgewickelt, die aber lediglich Binnenwirkung hatten, weil sie nie von der zuständigen Senatsverwaltung bestätigt worden waren.

Die Arbeiten zur Organisations-Kommunikation finden ihre Fortsetzung in einer Untersuchung der Bürokommunikation in Japan (durch Young-Man Ko, als DFG-Projekt), die Arbeiten zur Museumsforschung werden mit Mitteln der Robert Bosch-Stiftung fortgesetzt. Die kulturbezogenen Arbeiten fließen 1991-94 zusammen mit den auch immer wieder seit dem FIABID-Projekt weitergeführten Arbeiten im Komplex Zukunftsforschung und Technikfolgenabschätzung durch die intensive Mitarbeit am Interdisziplinären Forschungsverbund Lebensraum Stadt, der von der Gottlieb Daimler und Carl Benz-Stiftung finanziert wird und in dem der Arbeitsbereich sich vor allem mit Fragen der Flexibilisierung des Handelns als Hintergrund der Freizeitmobilität befaßt. Diese Arbeiten stehen auch in Zusammenhang mit der von der neuen Studienordnung vorgesehenen Hauptstudienvorlesung „Theorien und Methoden der Informationswissenschaft", in der zunächst Hennings Teil I mit naturwissenschaftlichem und ingenieurwissenschaftlichem Bezug und in Teil II Wersig die sozial- und kommunikationswissenschaftlichen Aspekte aufgreift, die insbesondere unter dem Gesichtspunkt der

Veränderung der Handlungsbedingungen der Menschen (Flexibilisierung, Individualisierung, Postmoderne) in unserer Zeit gesehen werden.

Der Vereinigungsprozeß schafft in Berlin völlig neue Situationen. Prof. Dr. Horst Völz, vom Zentralinstitut für Kybernetik und Informationsprozesse der Akademie der Wissenschaften findet seit 1993 am Arbeitsbereich Informationswissenschaft eine neue Wirkstätte, der er auch seit seinem Wechsel in den Ruhestand tatkräftig hilft und sein natur- und ingenieurwissenschaftliches Wissen zur Verfügung stellt. Im Museumsbereich kann der Arbeitsbereich auf reichhaltige frühere Erfahrungen im Kontext der Aktivitäten in der Ausbildung im Informationsbereich zurückgreifen, um die durch den Vereinigungsprozeß notwendig werdende Etablierung eines Studiengangs Museumskunde an der Fachhochschule für Wirtschaft und Technik maßgeblich zu unterstützen.

Seit 1993 ist die Entwicklungsplanungskommission der Freien Universität Berlin, der Wersig angehört, vor die Aufgabe gestellt, die sich aus der Vereinigung in Berlin für die Freie Universität ergebenden Folgerungen zu klären. Dazu zählt insbesondere die Umsetzung einer drastischen Verkleinerung der FU – damals noch um ein Viertel, daraus sollte dann fast die Hälfte werden.

Für die Informationswissenschaft ergibt sich folgende komplizierte Sachlage:

- Der Fachbereich Kommunikationswissenschaften, dem Wersig seit 1991 als Dekan vorsteht, ist durch den Umzug des Instituts für Bibliothekswissenschaft und Bibliothekarausbildung an die Humboldt-Universität zu klein geworden. Da absehbar auch andere Fachbereiche verkleinert werden müssen, ist eine generelle Neuordnung der Fachbereiche notwendig, in der die Kommunikationswissenschaften mit anderen Fächern neu kombiniert werden.

- Seit einigen Jahren besteht sowohl die Forderung universitätsintern als auch von Seiten der Senatsverwaltung, daß die drei Institute, die den Studiengang Publizistik verantworten, zu einem Institut zusammenzufassen sind. Bei dieser Gelegenheit muß auch die existierende Studienordnung Publizistik, die in den 80er Jahren als Ergebnis vieler Kompromisse entstanden ist, den neuen Gegebenheiten (auch den neuen inzwischen zustandegekommenen Vorgaben für Studien- und Prüfungsordnungen) angepaßt werden. Beide Vorgänge müssen auf Fachbereichsebene, d.h. von Seiten de Dekans aus, angestoßen werden.

- Fach und Arbeitsbereich Informationswissenschaft sind zwar nie auf den Stand ausgebaut worden, der ihm zugesagt wurde, und es hat nie eine gültige Studienordnung und einwandfreie Selbstverwaltungsstruktur gehabt, sie haben aber dennoch überlebt und Studenten im Rahmen der Kapazitätsverordnung angenommen und mit einer besseren Relation zum Examen gebracht, als viele andere Fächer (unter den über 50 Magisterfächern der FU lag das Fach bei der absoluten Absolventenzahl regelmäßig um Rang 20).Dieser Erfolg basiert auf der Tatsache, daß es eine große Zahl von Studenten anzog, denen es ein in zweifacher Hinsicht attraktives Programm anbot: Die Verknüpfung von Technologien mit Menschen als transdisziplinärer Brückenschlag einerseits und die ständige Anpassung an die neuesten technischen Entwicklungen andererseits. Ein derartiges Programm konnte unter den in den 90er Jahren verschärften Bedingungen für die universitäre Arbeit und den sich immer weiter ausdifferenzierenden Informations- und Kommunikationstechnologien nicht mehr von einer Person als Hochschullehrer vertreten werden. Mit den anstehenden Neustrukturierungen der FU mußte ohnehin der Arbeitsbereich in der Selbstverwaltungsstruktur neu verortet werden und waren frühere Ausstattungsbeschlüsse nichtig geworden. Die Alternative wurde – mit Billigung des Faches – von der Entwicklungsplanungskommission zu Recht gestellt: Entweder das Fach wird nun endgültig auf mindestens zwei Professuren (besser drei) ausgebaut oder es wird geschlossen (wie einige andere Fächer an den Berliner Universitäten auch).

In einer Situation, in der fast allen Fächern ein substantieller Abbau, z.T. um über die Hälfte ihrer Kapazitäten bevorstand, war dies eine Alternative, die eine weitsichtige universitätspolitische Perspektive einforderte. Die Entscheidung in dieser Situation war eine, die die Universitätsleitung zu treffen hatte und sie traf die Entscheidung gegen die Informationswissenschaft 1994 (kurz darauf traf sie die Entscheidung, den Lehramtsstudiengang Informatik zu einem minimal ausgestatteten Diplom-Studiengang auszubauen und als neues Fach die Filmwissenschaft zu kreieren).

PERSONEN	PROFESSOR: Prof. Dr. Gernot Wersig SONSTIGE HOCHSCHULLEHRER: Prof. Dr. Horst Völz WISSENSCHAFTLICHER MITARBEITER: Priv. Doz. Dr. Ralf-Dirk Hennings, ab Oktober 1994 Dipl. Inf. Helmut Degen SEKRETARIAT: Rosemarie Charlotte Dorloff (Jenkel) STUDENTISCHE HILFSKRÄFTE/TUTOREN: Monika Bergmann ❖ Martin Frech ❖ Stefan Grudowski ❖ Anja Hinrichs ❖ Hellmut Köhn ❖ Kurt Küffe ❖ Volker Ripp

THEORIE

LEHR- BEAUFTRAGTE	Petra Derks ❖ Uwe-Jens Engel ❖ Peter Otto, Schering ❖ Gerhard Paul Schwederski ❖ Horst Völz ❖ Leonidas Vrachliotis
AUSGEWÄHLTE LEHRVER- ANSTALTUNGEN	Die andere(n) Seite(n) der Vernunft: Körper – Wissen - Energie; Verborgenes Wissen; Macht und Information ❖ Theorie des Kommunikativen Handelns (Habermas) ❖ Entwicklung des Informationsbegriffs ❖ Wissen und Bedeutung: Wissenschaft - Technik - Kultur - Moral ❖ Systemtheorie ❖ Soziale und gesellschaftliche Wirklichkeit, Menschliche Erfahrungswelt und vortheoretisches Wissen ❖ Naturwissenschaftliche Grundlagen der Informationswissenschaft ❖ Der Wahrheitsbegriff ❖ Die Ausbreitung der Neuen Medien: Zu Neil Postman ❖ Gestaltung der Informatikfunktion ❖ Informationskultur und Lebensstil ❖ Entwicklungstendenzen der Informationswissenschaft ❖ Postmoderne und Zeitgeist ❖ Konzeptionen der Informationstheorie ❖ Chaos-Problematik und formale Ästhetik ❖ Strukturen des Freizeithandelns ❖ Phänomenologie der Lebenswelt ❖ Beispiele komplexer Wissensstrukturen: Gärtnern ❖ Probleme von Komplexität und Komplexitätsreduktion ❖ Lebensstil als interdisziplinäres Konzept ❖ Theorie und Methoden der Informationswissenschaft: Komplexität und Umbruch ❖ „Lebensstil" und „Zeit" als interdisziplinäre Konzepte

ABSCHLUSS-ARBEITEN	Petra Dahmke: Die Kontroverse um das Verhältnis von „Künstlicher Intelligenz" und menschlichem Denken ❖ Petra Derks: Wissensstrukturen in Orakelsystemen mit besonderer Berücksichtigung des verborgenen Wissens ❖ Thomas Fritz: Der Kommunikationsbegriff in der Theorie sozialer Systeme Niklas Luhmanns ❖ Horst Vorbach: Die Digitalisierung des Bildes. Zur Erweiterung der Ansätze von McLuhan
AUSGEWÄHLTE PROJEKTE	-
AUSGEWÄHLTE PUBLIKATIONEN	*Gernot Wersig*: Information science and theory: a weaver bird's perspective. In: Conceptions of library and information science. Proceedings of the International Conference held for the celebration of the 20th Anniversary of the Department of Information Studies, University of Tampere, Finland, 26-28 August 1991 / Hrsg. P. Vakkari, B. Cronin. - London/Los Angeles: Taylor Graham, 1992. - S. 201-217. *Gernot Wersig*: Lokalisation und Gliederung der Informationswissenschaft. In: Grundlagen der praktischen Information und Dokumentation. Hrsg. M. Buder, W. Rehfeld, T. Seeger. München etc: K.G. Saur, 1990, Bd.2, S.1108-1122 *Gernot Wersig*: Tendenzen der Informationswissenschaft. In: Grundlagen der praktischen Information und Dokumentation. Hrsg. Buder, M., Rehfeld, W., Seeger, T., München etc: K.G. Saur, 1990, Bd.2, S.1184-1194 *Gernot Wersig*: Informationswissenschaft in der Bundesrepublik Deutschland - gegenwärtiger Stand und Perspektiven. In: Informatik, 37 (1990), Nr.4, S.126-129 *Gernot Wersig, Ralf-Dirk Hennings, Petra Schuck-Wersig*: Zwischen den Stühlen. Neue Perspektiven für neue Situationen. In: Der Hochschullehrer Nr.3, 1990, S.18-23 *Gernot Wersig, Ralf-Dirk Hennings*: „Wissen" und „Information" aus informationswissenschaftlicher Sicht. In B. Becker (Hrsg.): Zur Terminologie in der Kognitionsforschung. Workshop in der GMD 16.-18.November 1988. Arbeitspapiere der GMD 385, St. Augustin 1989, S.210-218 *Gernot Wersig*: Fokus Mensch. Bezugspunkte postmoderner Wissenschaft: Wissen, Kommunikation, Kultur. Verlag Peter Lang Frankfurt a.M., Berlin, Bern, New York, Paris, Wien 1993. 249 S. ISBN 3-631-45719-7

INFORMATIONSGESELLSCHAFT

LEHR-BEAUFTRAGTE	Uwe-Jens Engel ❖ Wolfgang Ratzek
AUSGEWÄHLTE LEHRVER-ANSTALTUNGEN	Bildung und Ausbildung in der Informationsgesellschaft ❖ Um die Zukunft der Informationsgesellschaft: K. Haefner vs. J. Weizenbaum ❖ Informationsgesellschaft: Folgen und Auswirkungen ❖ Informationsgesellschaft und Informationskultur ❖ Information und Innovation ❖ Wissen ist Macht? ❖ Archäologie der Informationsgesellschaft

ABSCHLUSS-ARBEITEN	Tobias Nazemi: Einstellungen zur Technik im Transitionsprozeß der ehemaligen DDR. Ökonomischer Wandel und dessen gesellschaftliche Risiken ❖ Britta Oertel: Telekommunikation in den fünf neuen Bundesländern ❖ Gerhard Schwederski: Lebenswelt und Arbeitsgesellschaft: Eine Untersuchung über gesellschaftliche Entwicklungen und des Beitrags der Berliner „Informationswissenschaft"
	DISSERTATION: Stefan Kleßmann: Deutsche und amerikanische Erfahrungsmuster von Welt. Eine interdisziplinäre, kulturvergleichende Analyse im Spiegel der Dostojewski-Rezeption zwischen 1900 und 1945
AUSGEWÄHLTE PROJEKTE	-
AUSGEWÄHLTE PUBLIKATIONEN	*Gernot Wersig*: Technische Herausforderungen zwingen zu neuen Visionen. In: (Hrsg.): Der österreichische Bibliothekartag 1990 Bregenz, 4.-8. September 1990: Bibliotheken mit und ohne Grenzen: Informationsgesellschaft und Bibliothek / Hrsg. H. Weinberger, M. Jobst-Rieder. - Wien: Vereinigung österreichischer Bibliothekare, 1991, S. 176-187 *Gernot Wersig*: The changing role of knowledge in an information society. In: The Information Environment: A World View. Studies in Honour of Prof. A. I. Mikhailov. Hrsg. Foskett, D. J., Amsterdam: Elsevier, 1990 (Seitenzahlen nicht bekannt) *Gernot Wersig*: Orientierungsinformation und neue Technologien: Einkreisung eines sensiblen Problemraumes. In: Neue Informationsdienste im Verhältnis von Bürger und Verwaltung. Hrsg. Lenk, K., Heidelberg: Decker & Müller, 1990, S.17-32

INFORMATIONSHANDELN

LEHR-BEAUFTRAGTE	-
AUSGEWÄHLTE LEHRVER-ANSTALTUNGEN	-
ABSCHLUSS-ARBEITEN	Gabriele Legrand: Untersuchung des Informationsbedarfs, des Informationsverhaltens und der Informationsquellen im kommunalen Bereich von Berlin ❖ Joachim Liebers: Psychotherapeutische Konzepte in Kommunikationstrainingsmethoden ❖ Helga Schwarz: Verhalten von Benutzern am online-Katalog in Bibliotheken ❖ Holger Suhr: Der Offene Kanal in Theorie und Praxis
AUSGEWÄHLTE PROJEKTE	-
AUSGEWÄHLTE PUBLIKATIONEN	-

TECHNIK

LEHR-BEAUFTRAGTE	Christoph Bauer ❖ Benno Biewer ❖ Jürgen Bohm ❖ Torsten Bork ❖ Alfons Botthof, VDI/VDE ❖ Wolfgang Claus, FIDUCIA GENO ❖ Martin Feller, Landespostdirektion ❖ Hans Werner Fock, Satz-Rechen-Zentrum ❖ Jan Füllemann ❖ Stefan Grudowski ❖ Rolf Haberbeck ❖ Thomas Hallmann ❖ Andreas Hartung ❖ Peter Janecek-Dederer ❖ Helmut Jarosch, FHW ❖ Nelly Kerforn ❖ Hellmut Köhn ❖ Stephan Kurby, TVA ❖ Friedhelm Lehnhof ❖ Roland Leonhardt ❖ Frank Müller-Römer, Bayerischer Rundfunk ❖ Andreas Neef ❖ Gunter Nissen ❖ Wolfgang Ratzek ❖ Werner Rehfeld, Gesellschaft für Information und Dokumentation ❖ Norbert Reudenbach ❖ Richard M. Riedel, Fachhochschule für Wirtschaft ❖ Wolfgang Röhrig, Deutsches Historisches Museum ❖ Dieter Römer ❖ Hans-Friedrich Schallhorn ❖ Norbert Scheller, BB-Data ❖ Manfred Schmitz ❖ Frank Schönleiter, Deutsche Bundespost ❖ Olaf Schreck ❖ Ellen Schreiner ❖ Willi Schroll ❖ Philipp Sonntag, Wissenschaftszentrum Berlin ❖ Frank Spade ❖ Sun Sung ❖ Lutz Thele, Fernmeldezeugamt ❖ Brian Toussaint ❖ Leonidas Vrachliotis ❖ Rüdiger Weißbach ❖ Bernhard Weißhuhn ❖ Christoph Wernhard ❖ Bernd Willim ❖ Stephan Wittkopp ❖ Ulrich Wunderling
AUSGEWÄHLTE LEHRVER-ANSTALTUNGEN	Neuronale Netze ❖ Modelle und Anwendungen natürlichsprachlicher Systeme ❖ Technologie-Transfer und Informationsvermittlung ❖ Objektorientierte Datenbanken ❖ Große Verteilte EDV-Systeme ❖ Telekommunikationstechniken und -dienste in öffentlichen Netzen ❖ Interaktive optische Technologien ❖ Multimediale und multimodale Mensch-Maschine-Kommunikation ❖ AutoCAD ❖ CD-ROM ❖ Öffentliche Breitbandnetze ❖ Elektronisches Publizieren ❖ Inhouse Communication ❖ Mensch-Maschine-Schnittstelle ❖ Hypercard-Evaluation ❖ Datenverarbeitung im Bankwesen ❖ Business Grafik mit PC ❖ Hyper-/Multimedia ❖ Multimedia - Apple ❖ Virtuelle Realität ❖ PROLOG ❖ dBASE III im Vergleich mit IRS auf Großrechenanlagen ❖ Formale Methoden der Künstlichen Intelligenz ❖ Praktische Arbeiten mit Expertensystem-Shells ❖ Einführung in UNIX auf SUN-Workstations ❖ LISP ❖ Maschinelles Lernen in wissensbasierten Systemen ❖ Evaluation von Expertensystem-Implementierungen ❖ Das Speicher- und Retrieval-System ORACLE ❖ Wissensbasierte Systeme in den Geowissenschaften ❖ Wissensrepräsentationsformalismen in BABYLON ❖ Computervision und Bildverstehen
ABSCHLUSS-ARBEITEN	Christoph Bauer: Mustererkennung mit neuronalen Netzen ❖ Sven Bormann: Virtuelle Realität - Genese und Evaluation ❖ Petra Burkhardt: Inhouse-Netze für die Bürokommunikation: Vergleichende Gegenüberstellung der Leistungsmerkmale und Anwendungsschwerpunkte von digitalen Nebenstellenanlagen und Local Area Networks (LAN) ❖ Dorothe Faxel, Andreas Neef: Der Hyper-Modellbaukasten. Entwicklung von Orientierungshilfen zur Modellierung hypermedialer Wissenstechnologien ❖ Bernd Ginzkey: Einsatzmöglichkeiten von Personal Computern im Bildschirmtext-Dienst der Deutschen Bundespost ❖ Thomas Hallmann: Eine praxisorientierte Einführung in die Arbeit mit UNIX auf der Workstation „HP 9000/360" von Hewlett-Packard ❖ Gottfried Herzog:

Strukturierung des Wissens über Alltagsberatung als problembewältigende Kommunikationsform mit dem Ziel der prototypischen Implementation eines Beratungsfähigen Informationssystems in LOOPS auf der LISP-Maschine „SIEMENS 5815" ❖ Julia Klingemann: Hypertext als ein sich entwickelndes Wissensgebiet - Entstehungs-, Produktions- und Diffusionsbedingungen ❖ Hellmut Köhn: Evaluationen der Möglichkeiten der Wissensrepräsentation mit Beispielimplementierungen in KEE auf einer HP Workstation unter UNIX und Kappa-PC auf einem Standard-PC ❖ André Kraft: pLANet - Entwurf und Implementierung eines prototypischen Planungssystems für die Auswahl und Einführung von Netzwerken ❖ Friedhelm Lehnhof: Technische Grundlagen und Anwendungsmöglichkeiten von optischen Speichern(CD-ROM) ❖ Christine Maria Neubert: Bias in Reasoning-Verfahren bei wissensbasierten Systemen untersucht unter dem Schwerpunkt der Wissensgenerierung ❖ Wolfgang Röhrig: Anwendungsorientierte Darstellung ausgewählter Kommunikationsmöglichkeiten im INTERNET und Anbindung des Arbeitsbereichs Informationswissenschaft der FU Berlin ❖ Udo Saukel: Mikroelektronik in der DDR. Ein Beitrag zu Stand und Bedeutung des wissenschaftlich-technischen Fortschritts in der DDR am Beispiel der Mikroelektronik ❖ Willi Schroll: Die Potentiale hypermedialer Systeme in der Wissenskommunikation ❖ Sung Sun: Einführung in die Expertensysteme – Shell Personal consultant Plus und Implementierung einer Wissensbasis ❖ Christoph Wernhard: Entwurf und Implementatierung einer Datenbankschnittstelle für das Common Lisp Object System ❖ Holger Wilke: Wissensbegriffe in der KI und in der Systemtheorie

AUSGEWÄHLTE PROJEKTE	Wissensbasierte Systeme in den Geowissenschaften. 1990-1993, Freie Universität Berlin Projektleitung: Prof. Dr. Wolfdietrich Skala Mitarbeit: Priv. Doz. Dr. Ralf-Dirk Hennings ausgewählte Publikationen: Ralf-Dirk Hennings: Methoden zur Akquisition von Wissen: Produzierende und analytische Verfahren, Modellbegriff, Bilder und Grenzen. Freie Universität Berlin, Arbeitsbereich Informationswissenschaft, Berlin, Oktober 1993, Sammelband Teile A - P, etwa 170 Seiten. Ralf-Dirk Hennings, Wolfdietrich Skala (Hrsg.): Forschungsbericht zu der Entwicklungsumgebung KEE (Knowledge Engineering Environment): Installation, Wissensrepräsentation und Implementierung eines geowissenschaftlichen Anwendungsbeispiels, Freie Universität Berlin, Forschungsgebietsschwerpunkt: Wissensbasierte Systeme in den Geowissenschaften. Berlin, Oktober 1993, 300 Seiten.
AUSGEWÄHLTE PUBLIKATIONEN	*Gernot Wersig, Ralf-Dirk Hennings, Petra Schuck-Wersig*: Entwicklungstendenzen analoger und digitaler visueller Speichermedien. In: Photomed Jg.1/1988, S.149-156 *Ralf-Dirk Hennings*: Neue optoelektronische Technologien für integrierte informations- und kommunikationstechnische Anwendungen: Von Daten und Texten zu Bildern mit Sprache und Musik. In: M.Buder, W. Rehfeld, T. Seeger (Hrsg.): Grundlagen der praktischen Information und Dokumentation. Hrsg. Buder, M., Rehfeld, W., Seeger, T. , 3. völlig

neu gestaltete Auflage, 2 Bde, München etc: K.G. Saur, 1990. Bd.1, S.732-778
Ralf-Dirk Hennings: Expertensysteme als neue Zugangssysteme zur Fachinformation. In: M.Buder, W. Rehfeld, T. Seeger (Hrsg.): Grundlagen der praktischen Information und Dokumentation. Hrsg. Buder, M., Rehfeld, W., Seeger, T. , 3. völlig neu gestaltete Auflage, 2 Bde, München etc: K.G. Saur, 1990. Bd.1, S.247-263
Sven Bormann: Virtuelle Realität: Genese und Evaluation. Bonn, Paris, Reading Mass.) u.a.: Addison-Wesley, 1994. - 288 S.

ORDNUNG/SPRACHE

LEHR-BEAUFTRAGTE	Kai Schirmer
AUSGEWÄHLTE LEHRVERANSTALTUNGEN	Sprachverarbeitung und Konnektionismus ❖ Wissensorganisation und -repräsentation ❖ Wissensstrukturanalyse an einem ausgewählten Beispiel ❖ Texterkennen, -verstehen, -zusammenfassen
ABSCHLUSSARBEITEN	-
AUSGEWÄHLTE PROJEKTE	-
AUSGEWÄHLTE PUBLIKATIONEN	-

INFORMATIONSMANAGEMENT

LEHRBEAUFTRAGTE	Rolf H.H. Badenhoop, Schering ❖ Dieter Bickenbach ❖ Ullrich Eichler, Bernd Gabbei, Statistisches Landesamt ❖ Birgit Ganz, Christoph Landerer, DGB Technologieberatung ❖ Stefan Grudowski ❖ Doris Habermann ❖ Stefan Hanselmann, Schering ❖ Andreas Hartung ❖ Ralf-Dirk Hennings ❖ Nelly Kerforn ❖ Angelika Lange, Cumberland College of Health Sciences ❖ Ingrid Liermann ❖ Eberhard Nötzel, TVA ❖ Peter Otto ❖ Wolfgang Ratzek ❖ Werner Rehfeld, Gesellschaft für Information und Dokumentation ❖ Waltraud Ritter ❖ Wolfgang Röhrig, Deutsches Historisches Museum ❖ Michael Schelzky, Nixdorf ❖ Ariane Schierloh ❖ Günter Schulz, Krone AG ❖ Volkhard Schuster ❖ Philipp Sonntag, Wissenschaftszentrum Berlin ❖ Stefan Sorg ❖ Frank Spade ❖ Reinhard Supper ❖ Leonidas Vrachliotis ❖ Rüdiger Weißbach
AUSGEWÄHLTE LEHRVERANSTALTUNGEN	Attraktoren in der Organisationskommunikation ❖ Strategische Planung im Unternehmen ❖ Fallstudien zum betrieblichen Einsatz von IuK-Techniken ❖ Das statistische Informationssystem Berlin ❖ Unternehmenskultur und Informationsmanagement ❖ Informationsmarketing ❖ Organisationskommunikation ❖ Projektmanagement für Frauen ❖ Strategische Planungsmethoden ❖ Wissensakquisition in den Geowissenschaften ❖ Informationsmanagement am Beispiel von Krankenhäusern

❖ Online-Datenbanken ❖ Verkaufskommunikation und Inszenierung ❖ Lost in Hypertext? ❖ Konzepte und Beispiele wissensbasierter Autorensysteme ❖ Netzwerkorganisationen ❖ Frauennetzwerke und Kundininformationssysteme ❖ Informationsmanagement und Controlling ❖ Neue Informationstechnologien und Managemententscheidungen ❖ Erfahrungen der Kommunikationsberatung ❖ Bürokommunikation ❖ Logik für Wissensbasierte Systeme ❖ Telekooperation ❖ Management des Informationswesens ❖ Einführung in die Kommunikationsanalyse ❖ Integrationskonzeption für verschiedene Betriebssystemwelten ❖ Kommunikationskonzepte der Organisationskommunikation ❖ Organistorische Handlungsstrukturen am Beispiel der Fernsehserie „Yes Minister" ❖ Marketing und Mobilfunk ❖ Entwicklungsmethode und Lebenszyklus wissensbasierter Systeme ❖ Einsatz visueller Systeme in Dienstleistungsunternehmen ❖ Praktischer Einsatz von EDV in großen Museen

ABSCHLUSS-ARBEITEN	Christine Berndt: EDV-Einsatz in der Praxis des niedergelassenen Arztes ❖ Sriani Budirahayu: Computergestütztes Management Informationssystem in Hotelunternehmen ❖ Oliver Finck: Theorien, Methoden und Instrumente zur Planung von computergestützten Management-Informationmationssystemen ❖ André Förste: Der Einsatz von Sprachen der vierten Generation (4GL) als Aufgabe eines strategischen Informationsmanagements ❖ Eva-Maria Giesder: Motivation von Mitarbeitern unter der besonderen Berücksichtigung des Informations- und Kommunikationsaspektes in einem Unternehmen ❖ Sabine Herrmann: Das Wirkungspotential von Electronic Mail auf die interpersonale Kommunikation in Organisationen ❖ Jürgen Hofmann: Systemorientierte Auswertungen qualitativer Erhebungen am Beispiel eines Forschungsprojekts zur Risikokommunikation ❖ Ko Young-Man: Neue Informations- und Kommunikationstechnologie in der Wirtschaft und ihre Anwendungsprobleme am Beispiel von Büro-Automatisierung ❖ Hans Köther: Strategisches Marketing für Informationsdienstleistungsunternehmen ❖ Lutz Mauk: Von der Bürokommunikation zur integrativen Arbeitsabwicklung ❖ Irini Psarrou: Informationsmanagement bei Reiseveranstaltern von Charterflugreisen ❖ Daniella Sarnowski: Einsatzmöglichkeiten neuer Informations- und Kommunikationsmittel in öffentlichen Bibliotheken mit Hilfe des Innovationsmanagements ❖ Elga Schuster: Pressedokumentation in Deutschland - Die Zentraldokumentation des Verlagshauses Gruner & Jahr ❖ Natalja Schwandt: Möglichkeiten und Grenzen des Kulturmanagements im jugendkulturellen Bereich am Beispiel eines Modellversuchs ❖ Martina Schwarz: Projektmanagement bei der Organisation wissenschaftlicher Zusammenkünfte ❖ Ulrike Wenk: Kultursponsoring mit einer Untersuchung des Projektjahres 1992 der Deutschen Lufthansa
	DISSERTATIONEN: Jens Pätzmann: Kreatives Abweichen von Erwartungen als Selbstinszenierungstechnik integrierter Unternehmenskommunikation ❖ Wolfgang Ratzek: Individuum und organisatorischer Wandel. Interdisziplinäre Umrisse eines postmodernen Informations-Managements

AUSGEWÄHLTE PROJEKTE	Büro-Automatisierung als strategisches Konzept in Japan. 1990-1991, Deutsche Forschungs-Gemeinschaft Projektleiter: Prof. Dr. Gernot Wersig Projektdurchführung: Ko Young-Man Ausgewählte Publikationen: Ko Young-Man: Büro-Automatisierung als strategisches Konzept in Japan. Eine Untersuchung der strategischen Einführungskonzeptionen von Informations- und Kommunikationssystemen in ausgewählten japanischen Unternehmen, unter dem Aspekt der Übertragbarkeit auf die Bundesrepublik Deutschland. Baden-Baden 1991
AUSGEWÄHLTE PUBLIKATIONEN	*Gernot Wersig*: Impulse der Chaos-Theorie für das Informations-Management. In: P. Scharfenberg (Hrsg.): Strukturwandel in Management und Organisation. Baden-Baden 1993, S.435-353. *Gernot Wersig*: Informationstechnik und Informationsarbeit. In: Grundlagen der praktischen Information und Dokumentation. Hrsg. M. Buder, W. Rehfeld, T. Seeger. München etc: K.G. Saur, 1990, Bd.2, S.1124-1156 *Gernot Wersig*: Organisiertes Chaos - Eine umfassende Konzeption zum Informationsmanagement. In: gdi-Impulse Nr.3, 1990, S.8-18 *Gernot Wersig*: Organisations-Kommunikation: Die Kunst ein Chaos zu organisieren. FBO-Verlag, Baden-Baden (220 Seiten, Juli 1989, ISBN 3-922213-03-0, Bestell-Nr. 8149). *Gernot Wersig*: Kann Marketing die Informationsvermittlung retten – Perspektiven eines überschätzten Hobbies? In: R. Schmidt, R. Müller: Strategien des Informationsmarketing - Praxis, Probleme, Perspektiven. Karlsruhe: Fraunhofer-Institut für Systemtechnik und Innovationsforschung ISI, 1989, S.201-208

GESCHICHTE

LEHRBEAUFTRAGTE	Uwe-Jens Engel ❖ Bodo Rollka ❖ Horst Völz
AUSGEWÄHLTE LEHRVERANSTALTUNGEN	Entwicklung des Dokumentationsbereichs in Deutschland bis 1975 ❖ Historische Technikfolgenforschung ❖ Zur Geschichte, Ästhetik und Didaktik der Typographie ❖ Historische Imageuntersuchungen
ABSCHLUSSARBEITEN	Bernhard Lesch: Geschichte des technischen Zeichnens DISSERTATION: Uwe-Jens Engel: Es ist keine einzige Stunde zu versäumen, indem einer sonst eben so klug bleibet, als er vorher gewesen - Zum Bedeutungswandel systematischer Wissensorganisation vor ihrer Selbstverständlichkeit
AUSGEWÄHLTE PROJEKTE	-
AUSGEWÄHLTE PUBLIKATIONEN	-

TECHNIKFOLGENABSCHÄTZUNG/ZUKUNFTS- UND TRENDFORSCHUNG

LEHR-BEAUFTRAGTE	Birgit Ganz, DGB Technologieberatung ❖ Ingrid Liermann ❖ Eckard Minx, Daimler-Benz AG ❖ Jürgen Müller, Brigitte Preißel, Deutsches Institut für Wirtschaftsforschung ❖ Dieter Römer ❖ Stefan Sorg ❖ Reinhard Stransfeld, VDI/VDE
AUSGEWÄHLTE LEHRVER-ANSTALTUNGEN	Methodik der Technikfolgenabschätzung: Interaktive Bildmedien ❖ Arbeitnehmerorientierte Technologieberatung ❖ Probleme der Marktabschätzung neuer IKT ❖ Methoden der Zukunftsanalyse ❖ Veränderung der Telekommunikationsmärkte ❖ Telearbeit ❖ Technikfolgenabschätzung zum umfassenden IuK-Einsatz in der betrieblichen Welt/Berufswelt: Möglichkeiten und Risiken der „virtuellen Organisation" ❖ Technikfolgenabschätzung zur Informationstechnik einschließlich der Künstlichen Intelligenz ❖ Methodenseminar Trendforschung ❖ Szenariotechnik am Beispiel Mobilität ❖ Flexibilisierung des Handelns
ABSCHLUSS-ARBEITEN	Christian Billig: Die Auswirkungen der neuen Informations- und Kommunikationstechniken auf die Familie am Beispiel der Tele(Heim)arbeit ❖ Andreas Heppner: Abschätzung und Bewertung von Technikfolgen: Zur Diskussion über die Informations- und Kommunikationstechnologien in der Bundesrepublik Deutschland ❖ Elisabeth Leibold: Das Konzept „intelligenter Gebäude" ❖ Linda Lemmerich: Das geteilte Auto - ein Konzept für die Zukunft städtischer Mobilität. Eine Untersuchung zur Gestaltung des motorisierten Individualverkehrs am Beispiel Car Sharing
AUSGEWÄHLTE PROJEKTE	Forschungsverbund Lebensraum Stadt – Mobilität und Kommunikation in den Agglomerationen von heute und morgen. 1991-1994, Gottlieb Daimler- und Karl Benz-Stiftung Projektleitung: Prof. Dr. Dieter Sauberzweig Mitarbeit im Gesamtprojekt: Prof. Dr. Gernot Wersig Mitarbeit im Teilbreich „Faktoren des Verkehrshandelns": Dr. Petra Schuck-Wersig ausgewählte Publikationen: Forschungsverbund Lebensraum Stadt: Mobilität und Kommunikation in den Agglomerationen von heute und morgen. 6 Bände im Schuber. Berlin 1994
AUSGEWÄHLTE PUBLIKATIONEN	*Gernot Wersig*: Technikfolgen im Niemandsland: Neue Methoden für neue Fragen. in: der Hochschullehrer Nr.3/1989, S.5-6 *Gernot Wersig, Petra Schuck-Wersig*: Pkw-Leitbilder im Umbruch. In: Delta-Report Technik und Gesellschaft, Supplement 1994, S.121-126 *Petra Schuck-Wersig, Gernot Wersig*: Flexibilisierung des Handelns als Hintergrund der Prognose der Mobilitätsentwicklung. In: Forschungsverbund Lebensraum Stadt - Mobilität und Kommunikation in den Agglomerationen von heute und morgen - Bd. III/1: Faktoren des Verkehrshandelns / Hrsg. Gottlieb Daimler- und Karl Benz-Stiftung - Berlin: Ernst & Sohn, 1994 - S. 141-358 *Gernot Wersig*: Modernisierung und Flexibilisierung des Handelns sowie einige Folgerungen für die Stadtpolitik. In: Forschungsverbund Le-

	bensraum Stadt - Mobilität und Kommunikation in den Agglomerationen von heute und morgen - Bd. IV: Entwicklungspotentiale von Städten zwischen Vision und Wirklichkeit/ Hrsg. Gottlieb Daimler- und Karl Benz-Stiftung - Berlin: Ernst & Sohn, 1994 - S. 131-150

RECHT/POLITIK

LEHR-BEAUFTRAGTE	Hansjürgen Garstka, Hanns-Wilhelm Heibey, Berliner Datenschutzbeauftragter ❖ Jürgen Müller, Brigitte Preißl, Deutsches Institut für Wirtschaftsforschung
AUSGEWÄHLTE LEHRVERANSTALTUNGEN	Informationsrecht ❖ Informationsrechtliche Probleme des Einigungsvertrages ❖ Ausgewählte Probleme des Telekommunikationsrechts ❖ Veränderung der Telekommunikationsmärkte❖ Technische und organisatorische Fragen des Datenschutzes
ABSCHLUSSARBEITEN	Stefan Grudowski: Der Strukturwandel der Telekommunikation und seine Auswirkungen auf den rechtlichen Rundfunkbegriff ❖ Hedwig Rathje: Datenschutz und Rechtsstaat. Zum verfassungsrechtlich gesicherten Recht auf „Informationelle Selbstbestimmung" ❖ Christine Scherer: Breitbandvermittlungskommunikation in öffentlichen Netzen. Die Rolle und das Verhalten der Deutschen Bundespost
AUSGEWÄHLTE PROJEKTE	-
AUSGEWÄHLTE PUBLIKATIONEN	-

AUSBILDUNG/TÄTIGKEITSFELD

LEHR-BEAUFTRAGTE	-
AUSGEWÄHLTE LEHRVERANSTALTUNGEN	-
ABSCHLUSSARBEITEN	Hildegard Borchardt: Informationsmanagement - Ein sich entwickelnder Tätigkeitsbereich?
AUSGEWÄHLTE PROJEKTE	-
AUSGEWÄHLTE PUBLIKATIONEN	*Gernot Wersig*: Informationswissenschaft an der Freien Universität Berlin. In: Grundlagen der praktischen Information und Dokumentation. Hrsg. Buder, M., Rehfeld, W., Seeger, T., München etc: K.G. Saur, 1990, Bd.2, S.1045-1053

INTERNATIONALES

LEHR-BEAUFTRAGTE	Angelika Lange ❖ Philipp Sonntag, Wissenschaftszentrum Berlin
AUSGEWÄHLTE LEHRVERANSTALTUNGEN	Informationsmanagement am Beispiel von Krankenhäusern in Australien ❖ Technologiepolitik und -förderung
ABSCHLUSSARBEITEN	Waltraud Ritter: Probleme der Kommunikationsplanung und -Organisation in den Vereinten Nationen am Beispiel des Entwicklungsprogramms UNDP ❖ Andrea Manemann-Czech: Die Bedeutung von Informations- und Kommunikationstechnologien für Länder der Dritten Welt unter besonderer Berücksichtigung von Indien
	DISSERTATIONEN: Ko Young-Man: Büro-Automatisierung als strategisches Konzept für Japan. Eine Untersuchung der strategischen Einführungskonzeptionen der Informations- und Kommunikationssysteme in ausgewählten japanischen Unternehmen unter dem Aspekt der Übertragbarkeit auf die Bundesrepublik Deutschland ❖ Ruth Wüst: The Optical Disc Project at the Library of Congress. A Case Study in the Use of New Technology in a Library Environment
AUSGEWÄHLTE PROJEKTE	-
AUSGEWÄHLTE PUBLIKATIONEN	*Ralf-Dirk Hennings*: Entwicklung und Anwendung von Wissensbasierten Systemen/Expertensystemen in Japan. In: KI Nr.4, 1990

VISUELLE KOMMUNIKATION/MUSEUM

LEHR-BEAUFTRAGTE	Hartmut Eckert ❖ Udo Gößwald, Heimatmuseum Neukölln ❖ Rüdiger Götz ❖ Bernhard Graf, Institut für Museumskunde ❖ Stefan Grudowski ❖ Sabine Helmers, Museum für Völkerkunde ❖ Otto Lührs, Museum für Verkehr und Technik ❖ Bodo Rollka ❖ Ariane Schierloh ❖ Gerhard Paul Schwederski ❖ Leonidas Vrachliotis ❖ Jutta Wittwer
AUSGEWÄHLTE LEHRVERANSTALTUNGEN	Strategisches Informationsmanagement für Museen und Ausstellungen ❖ Alltägliche visuelle Kommunikation ❖ Methoden der Ausstellungsgestaltung ❖ Museum als soziales Gedächtnis ❖ Museumstheorien ❖ Gundlagen der typografischen Gestaltung ❖ Informationsvermittlung in Museen und Ausstellungen ❖ Besucherforschung in Museen ❖ Museumsdidaktik: Ausstellungsformen und Präsentation in unterschiedlichen Museumsarten in Ost und West ❖ Ästhetische Grundlagen ❖ Gewinnung und Präsentation ethnologischen Wissens ❖ Berlin 750 Jahre - die große Kampagne ❖ Entgrenzung des Ästhetischen - Vision oder Sackgasse? ❖ Design als kommunikativer Bedeutungsträger ❖ Bildforschung ❖ Theorien der visuellen Kommunikation ❖ Neue Techniken der Bildanalyse ❖ Philosophische Theorien bildhafter Darstellung

ABSCHLUSS-ARBEITEN	Sabine Budde: Die Bedeutung von Messen und die Bestimmung von Messezielen unter ökonomischen und kommunikativen Aspekten ❖ Elisabeth Bülau: Die Geschichte der Fotografie bis zu ihrer Entwicklung zu einem Massenprodukt ❖ Hartmut Eckert: Analyse neuer Tendenzen bei der Objektpräsentation in Londoner Museen ❖ Claudia Gerlach: Aspekte visueller Kommunikation in der Fernsehwerbung. Über die Rolle visueller Präsentationen in der Informationsgesellschaft ❖ Rudolf Gurland: Der Einfluß der Elektronisierung auf das Raumverständnis in der Architektur. Die Herrschaft der Elektronisierung ❖ Doris Hegemann: Museen und Sehgewohnheiten. Ausführungen über das Museum, das Auge, den Sehsinn, die Sehgewohnheiten des Menschen im Zeitalter der Bildmedien ❖ Dagmar Karim: Funktionen des Museums in der Spätmoderne - Entlastung-Kompensation-Sinn ❖ Nelly Kerforn: Visuelle Informationsvermittlung in den Reisebüros durch den Einsatz neuer Technologien ❖ Kurt Küffe: Der Wandel des Bildes vom Abbildungs- zum Imaginationsmedium ❖ Annette Samaras: Das Verhältnis von Bild und Text in der Zeitschriftenanzeigenwerbung für Automobile ❖ Katrin Strube: Hypermediale Informationssysteme in Museen. Ein Modell zu Berliner Museen
	DISSERTATIONEN: Anne Lehmann: Firmenmuseen in der Bundesrepublik Deutschland. Ihre Bedeutung für die Museumslandschaft und Funktion im Unternehmen ❖ Petra Schuck-Wersig: „Terra incognita imaginis" - Eine Expedition zum Bild. Beiträge zur Analyse des kulturellen Stellenwertes von Bildern ❖ Brian Toussaint: Bildplatten und wissensbasierte Systeme zur interaktiven Szenenbeobachtung und -analyse ❖ Bernd Willim: Computergenerierte visuelle Präsentationsformen als neue Informations- und Kommunikationsmöglichkeit
AUSGEWÄHLTE PROJEKTE	Wirksamkeit öffentlichkeitsbezogener Maßnahmen für Museen und kulturelle Ausstellungen. 1986-1987, Berlin-Forschung Projektleiter: Prof. Dr. Gernot Wersig Wiss. Mitarbeiter: Martina Schneider, Petra Schuck-Wersig ausgewählte Publikationen: Petra Schuck-Wersig, Martina Schneider, Gernot Wersig: Wirksamkeit öffentlichkeitsbezogener Maßnahmen für Museen und Ausstellungen. Berlin: FU 1988 und als Materialien aus dem Institut für Museumskunde, Staatliche Museen Preußischer Kulturbesitz Berlin Heft 21. Berlin 1988 Museums-Marketing in den USA. 1988, Robert Bosch Stiftung Projektleitung: Prof. Dr. Gernot Wersig, Dr. Petra Schuck-Wersig ausgewählte Publikationen: Petra Schuck-Wersig, Gernot Wersig: Museen und Marketing. Marketingkonzeptionen amerikanischer Großstadtmuseen als Anregung und Herausforderung. Materialien aus dem Institut für Museumskunde, Staatliche Museen Preußischer Kulturbesitz, Berlin, Heft 25, Berlin 1988 Museums-Marketing in Frankreich, Großbritannien und Deutschland. 1990-1991, Robert Bosch Stiftung

	Projektleitung: Prof. Dr. Gernot Wersig, Dr. Petra Schuck-Wersig ausgewählte Publikationen: Petra Schuck-Wersig, Gernot Wersig: Museen und Marketing in Europa. Großstädtische Museen zwischen Administration und Markt. Berlin: Institut für Museumskunde, 1992. - 140 S. Gutachten zur Ausbildungssituation in der Museumskunde. 1992, Generalverwaltung Staatliche Museen Stiftung Preußischer Kulturbesitz Projektleitung: Prof. Dr. Gernot Wersig, Dr. Petra Schuck-Wersig ausgewählte Publikationen: Petra Schuck-Wersig, Gernot Wersig: Museumskunde – ein neues Berufsfeld im Museumswesen. Materialien zum neuen Studiengang an der Fachhochschule für Technik und Wirtschaft Berlin i. Gr. Berlin 1993
AUSGEWÄHLTE PUBLIKATIONEN	*Martina Schneider, Petra Schuck-Wersig, Gernot Wersig*: Wirksamkeit öffentlichkeitsbezogener Maßnahmen für Museen und kulturelle Ausstellungen. In: PR-Magazin 6/1988, S.29-35 *Gernot Wersig, Petra Schuck-Wersig*: Die Bedeutung visueller Präsentationen für die Informationskultur. In: T. Bungarten (Hrsg.): Sprache und Information in Wirtschaft und Gesellschaft. Referate eines internationalen Kongresses zugleich der XI. Jahrestag der internationalen Vereinigung „Sprache und Wirtschaft", 30.September - 3. Oktober 1985 Congress Centrum Hamburg. Tostedt 1988, S.62-70 *Petra Schuck-Wersig, Gernot Wersig*: Völkerkundemuseum und Öffentlichkeitsarbeit. In: Die Zukunft des Völkerkundemuseums / Hrsg. J. Zwernemann. Münster, Hamburg: LIT, 1991, S. 153-160 *Petra Schuck-Wersig, Gernot Wersig*: Zur Sprachlosigkeit des Fremden – Kommunikationsbarrieren im Völkerkundemuseum. In: Die Zukunft der Vergangenheit. Diagnosen zur Institut Völkerkundemuseum / Hrsg. G. Kroeber-Wolf, B. Zekorn. - interim 10, MIF Rundbrief Nr.15 der Arbeitsgruppe MUSEUM in der Deutschen Gesellschaft für Völkerkunde Oktober 1990. Frankfurt a.M.: Museum für Völkerkunde, 1990, S.37-44. *Gernot Wersig; Petra Schuck-Wersig*: A German View of Marketing in United States Museums. In: Curator Vol.33/No.1/March 1990, p. 72-80 *Schuck-Wersig, Petra*: Expeditionen zum Bild. Beiträge zur Analyse des kulturellen Stellenwerts von Bildern. Frankfurt a.M. etc: Peter Lang, 1993 (= Europäische Hochschulschriften, Reihe XL, Bd.35), ISBN 3-631-45428-7. (Vorwort von G. Wersig) *Gernot Wersig*: Bausteine zu einer Theorie der nachmodernen visuellen Kommunikation. in G. Bentele, M. Rühl (Hg.): Theorien öffentlicher Kommunikation. Problemfelder, Positionen, Perspektiven." München: Ölschläger 1993, S. 367-380 *Petra Schuck-Wersig, Gernot Wersig*: Vereinsorganisation an deutschen Museen. In: Der Kulturmanager Lieferung Juli 1994, Teil 4-6, S.50-57 *Petra Schuck-Wersig, Gernot Wersig*: „Mitgliedervereinigungen" in Deutschland - Zukunft und Möglichkeiten. In: Der Kulturmanager Lieferung Juli 1994, Teil 4-6, S.58-66

Petra Schuck-Wersig, Gernot Wersig: Museumsmarketing - Grundfragen und Thesen. In: Museumsamangement - Eine Antwort auf schwindende Finanzmittel? / Hrsg. G. und R. Wiese - Kiekeberg: Freilichtmuseum, 1994. - S.143-150

1995-2000 Konsolidierung der integrativen Kernkompetenz: Postmoderne, Informationsgesellschaft, Wissensgesellschaft

Bereits seit der Krise Ende der 80er Jahre hatte insbesondere in der Studentenschaft ein intensives Nachdenken über die Zukunft der Informationswissenschaft eingesetzt, das vor allem von drei Aspekten ausgehen mußte:

- Die Informationswissenschaft in Deutschland stagnierte nicht nur, sondern war auch an den anderen Standorten (Konstanz, Saarbrücken, Düsseldorf, Darmstadt, Regensburg) eher in einer Rückentwicklung.

- Die von einer Informationswissenschaft unabhängig von ihrer jeweiligen lokalen Ausrichtung zu beachtenden Technologien explodierten geradezu – nicht nur das sich ab 1992 durchsetzende Internet und die damit verknüpften Entwicklungsmöglichkeiten der Organisations-Kommunikation spielten hierbei eine Rolle, sondern auch die Digitalisierungstendenzen im Festnetz- und Mobiltelefon sowie im Rundfunk stellten absehbare Herausforderungen dar, die das Feld der Informationswissenschaft erheblich erweiterten.

- Die unter dem Topos „Informationsgesellschaft" gemeinten Veränderungen – Entstaatlichung, Kommerzialisierung, Globalisierung – würden es in Zukunft immer schwieriger werden lassen, die bisherige Domäne der Informationswissenschaft (eher orientiert an technisch gestützter Individual- und Organisations-Kommunikation) gegen die Kommunikationswissenschaften abzugrenzen.

Auf der anderen Seite mußte die bisher auf Massenkommunikation konzentrierte Publizistik ebenso das Internet, die neuen Potentiale der Organisations-Kommunikation, die Massenhaftigkeit der Telefonkommunikation, die mit der Digitalisierung des Rundfunks unvermeidbar verknüpfte Aufhebung der Grenze zwischen Individual- und Massenkommunikation zur Kenntnis nehmen.

Insofern lag es nahe, die Entscheidung zur Aufgabe der Informationswissenschaft als eines eigenständigen Faches zu nutzen, um die Kommunikationswissenschaft insgesamt neu zu positionieren und abzusichern. Der Fachbereich Kommunikationswissenschaften im zweiten Dekanat von Wersig setzte sich entschieden für eine Neukonzeptionierung der Publizistik zur Publizistik- und Kommunikationswissenschaft ein, die große Teile der bisherigen Informationswissenschaft inhaltlich mit abdecken konnte. Zum Sommersemester 1995 wurde daher eine umfassende Paketlösung realisiert:

- Der Fachbereich Kommunikationswissenschaften wurde in den Fachbereich Philosophie und Sozialwissenschaften I integriert, in dem nach dem Ausscheiden der Psychologie die Soziologie und Philosophie verblieben waren.

- Die drei Publizistik-Institute und der Arbeitsbereich Informationswissenschaft wurden zu einem Institut für Publizistik- und Kommunikationswissenschaft zusammengeschlossen, das mit 10 Professuren (gegenüber planmäßig 12) den universitären Schrumpfungsprozeß relativ unbeschadet überstand.

- Eine neue Studienordnung für Publizistik- und Kommunikationswissenschaft trat an die Stelle der bisherigen Studienordnung Publizistik. Diese enthielt im Grundstudium eine

Wahlpflichtveranstaltung „Systematik der Informations- und Kommunikationstechniken" und im Hauptstudium einen Schwerpunkt „Mediensysteme und Kommunikationskulturen", in dem fast alle bisherigen Inhalte der Informationswissenschaft weitergeführt werden konnten.

- Der Beschluß zur Einstellung der Informationswissenschaft führt zunächst nur zur Einstellung weiterer Zulassungen und sah einen Zeitplan vor, nach dem bis zum Sommersemester 2000 ein eigenständiges Lehrprogramm Informationswissenschaft angeboten werden konnte.

Daß sofort nach Erarbeitung dieser Lösung Wersigs Stelle gestrichen wurde, ohne ihn auch nur darüber zu informieren, war nicht Bestandteil des Pakets, bildete aber die einzige Reaktion der Universitätsleitung.

In der Initialphase des neuen Instituts 1995-97 führt Wersig als Geschäftsführender Direktor die Integrationsbewegung, die im Fachbereich Kommunikationswissenschaften begonnen hatte, fort. Das Institut gibt sich eine lose interne Struktur unter Verwendung des Arbeitsbereichs-Konzepts, so daß der Arbeitbereich Informationswissenschaft weiter bestehen bleiben kann. Die Mittelbaustelle, die bis 1994 Dr. Hennings zuletzt als Hochschuldozent, besetzt hatte, wird allerdings bereits 1994 im Vorgriff auf die Paketlösung zu einer Qualifikationsstelle heruntergestuft und von Dipl. Inf. Helmut Degen neu besetzt, der in seiner Qualifikationszeit auch 1998 promoviert.

1996-98 muß die Freie Universität einen erneuten schmerzhaften Einschnitt planen. War die Reduktionsphase 1993-94, in deren Verlauf die Informationswissenschaft gestrichen wurde, eine, in der die Professorenzahl der sozial- und geisteswissenschaftlichen Fächer um etwa ein Viertel gekürzt werden mußte, wurde nunmehr eine fast genauso große zweite Reduktionsphase bis 2003 gefordert. Diese Reduktionsphase hat das Institut für Publizistik- und Kommunikationswissenschaft fast ohne weitere Abstriche überstehen können.

Diese neuen Planungen machten erneut eine Neukonzipierung der Fachbereiche der FU notwendig, die von der Vorstellung größerer Verwaltungseinheiten ausging. Eine nicht unsinnige Verbindung mit den Wirtschaftswissenschaften war nicht möglich, so daß schließlich 1999 ein neuer Fachbereich „Politik- und Sozialwissenschaften" gegründet wurde, dem die Institute für Politische Wissenschaft, Soziologie, Publizistik- und Kommunikationswissenschaft und Ethnologie angehören.

Im Rahmen dieses Fachbereichs wurden dann im Sommersemester 2000 die letzten eigenständigen Lehrveranstaltungen für das Fach Informationswissenschaft abgehalten. Aufgrund der endgültigen Einstellung des Faches wurde konsequenterweise auch die Sekretariatsstelle nur noch als Sekretariat eines Professors angesehen und steht daher dem Arbeitsbereich auch nur noch als halbe Stelle zur Verfügung. Die Wersig zugeordnete Studentische Hilfskraft wird überwiegend für die Organisation des WWW-Angebots des Instituts und des institutsinternen Netzes eingesetzt.

Inhaltlich setzte der Arbeitsbereich in dieser Zeit einige seiner Traditionen fort, die er in die Publizistik- und Kommunikationswissenschaft einbringt. Dies sind insbesondere die Komplexe:

- **Postmoderne/Informationsgesellschaft/Wissensgesellschaft.** Von dieser Stelle aus kann versucht werden, die individuellen und öffentlichen Kommunikationsvorgänge an die gesellschaftstheoretischen Diskussionen anzukoppeln. Hier hat Wersig seine informationswissenschaftliche Hauptstudienvorlesung in den Bereich Publizistik- und Kommunikationswissenschaft geöffnet.

- **Kultur-, Freizeit-, Lebensstil-, Trendforschung.** Hier bringt die Informationswissenschaft den Gesichtspunkt des autonomen Akteurs ein, der den mediendefinierten Rezipienten der Publizistik notwendigerweise ablösen wird. Dies ist ein Schwerpunkt von Projektarbeiten und Publikationen.

- **Neue Medien/Informations- und Kommunikationstechnologien.** Dazu zählen die ganzen medialen Entwicklungen, die sich aufgrund der technischen Entwicklungen neu artikulieren, wobei insbesondere Internet und Online-Kommunikation eine wichtige Rolle spielen (aber auch die nicht netzbezogenen Medien wie CD-ROM). Hier hat u.a. ein zweijähriges Projekt stattgefunden, das die Volkswagen-Stiftung zum Zusammenhang von Museen und Internet/CD-ROM 1998-2000 finanziert hat. Im Grundstudium verantwortet Wersig auch regelmäßig die Wahlpflichtveranstaltungen zur Systematik der Informations- und Kommunikationstechniken.

- **Visuelle Kommunikation/Museen.** Museen nehmen immer mehr den Charakter von Medien an, ohne daß dies die Publizistik bisher thematisiert hat. Auch andere Formen der audiovisuellen Kommunikation außerhalb der klassischen Medien Film und Fernsehen werden kommunikationswissenschaftlich immer interessanter. Hierzu finden regelmäßig Lehrveranstaltungen statt, der langjährige Lehrbeauftragte Dr. Bernhard Graf (Institut für Museumskunde) wird im Sommersemester 2000 zum Honorarprofessor für den Bereich Kulturkommunikation berufen.

- **Organisations-Kommunikation.** Diese ist in der Publizistik bisher lediglich unter dem Gesichtspunkt Öffentlichkeitsarbeit thematisiert worden. Hier wurden die immer geringer werdenden Lehrauftragsmittel konzentriert und dankenswerterweise auch unbesoldete Lehraufträge eingeworben. Ein kleiner projektorientierter Schwerpunkt zur Evaluierung von technischen Einführungsprojekten bei Firmen und Organisationen wurde entwickelt.

- **Informations-/Kommunikationstheorie.** Hier stellen sich viele Desiderate, die die Publizistik bisher einigermaßen mühselig mit Zeichentheorie und Konstruktivismus überdeckt hat. Nachdem Wersig von 1997 bis 2000 die Einführungsvorlesung in die Publizistik- und Kommunikationswissenschaft abgehalten hat, wird er diesen Komplex in Zukunft intensiver in die Lehre und das Publikationsspektrum einbringen.

PERSONEN	PROFESSOR: Prof. Dr. Gernot Wersig SONSTIGE HOCHSCHULLEHRER: Prof. Dr. Horst Völz (i.R.) ❖ Prof. Dr. Ralf-Dirk Hennings (als Privatdozent) ❖ Prof. Dr. Bernhard Graf (ab Juli 2000 Honorarprofessor für Kulturkommunikation) SEKRETARIAT: Rosemarie Charlotte Jenkel STUDENTISCHE HILFSKRÄFTE: Thomas Fritz ❖ Sven Lützen-Gärtig

THEORIE

LEHR- BEAUFTRAGTE	Petra Derks ❖ Uwe-Jens Engel ❖ Anja Hinrichs ❖ Peter Otto, Schering ❖ Wolfgang Röhrig, Deutsches Historisches Museum ❖ Gerhard Paul Schwederski
AUSGEWÄHLTE LEHRVER- ANSTALTUNGEN	Raum - Zeit - Kommunikation: Denkräume, Traumzeiten ❖ Information als Utopie ❖ Feministische Techniktheorie ❖ Einheit und Vielheit: Die Diskussion um die Postmoderne ❖ Kulturanalyse ❖ Strukturen des Freizeithandelns ❖ Theorien und Methoden der Informationswissenschaft ❖ Analyse, Modellierung und Simulation als Erkenntnismöglichkeit ❖ Grundlagen der Systemtheorie ❖ Postmoderne und Informationsgesellschaft ❖ Lebensstil als interdisziplinäres Konzept ❖ Wissenswissenschaft ❖ Studien zur Komplexitätsreduktion ❖ Wissen, Information und Technik ❖ Zeit - Medien - Wahrnehmung ❖ Subjekt, Vernunft und Wertebindungen ❖ Wissenswissenschaft ❖ Hermeneutik und Erkenntnis ❖ Analyse der Kommunikationsformen im Internet ❖ Kulturfragmente ❖ Formen der Produktion von Vorstellungsbildern
ABSCHLUSS- ARBEITEN	Karsten Fischer: Beeinflussung von Zeitnutzung durch IuK-Technologien vor dem Hintergrund von Lebensstilen ❖ Matthias Fischer: Sind die Massenmedien ein Funktionssystem der Gesellschaft in der Systemtheorie Niklas Luhmanns? ❖ Margot Keller: Ansätze zur Strukturierung individuellen Wissens an Beispielen des Wissenskomplexes „Gärtnern"
AUSGEWÄHLTE PROJEKTE	-
AUSGEWÄHLTE PUBLIKATIONEN	*Gernot Wersig*: Medien, Wirklichkeiten und Virtualisierung. in: G. Bentele, M. Haller (Hrsg.): Aktuelle Entstehung von Öffentlichkeit. Schriftenreihe der Deutschen Gesellschaft für Publizistik- und Kommunikationswissenschaft Bd. 24, Konstanz 1997, S. 529-538. *Gernot Wersig*: Komplexität und Reduktion. in: P. Koch, S,. Krämer (Hrsg.): Schrift, Medien, Kognition. Tübingen 1997, S. 205-222

INFORMATIONSGESELLSCHAFT

LEHR- BEAUFTRAGTE	Uwe-Jens Engel ❖ Werner Rehfeld, Deutsche Gesellschaft für Information und Dokumentation ❖ Stefan Sorg
AUSGEWÄHLTE LEHRVER- ANSTALTUNGEN	Informationsgesellschaft als Multioptionsgesellschaft ❖ Theorie und Methoden der Informationswissenschaft: Informationsgesellschaft ❖ Informationsinfarkt? Die Gefahr des Informationstodes auf den Datenauto-

	bahnen der Zukunft ❖ Postmoderne und Informationsgesellschaft ❖ Die Illusion der Gewißheit. Sicherheit in der Informationsgesellschaft ❖ Netzrevolution und Netzgesellschaft. Das Verschwinden des Gesellschaftlichen im digitalen Zeitalter ❖ Lebenswelten in der Informationsgesellschaft: Urbanität - Mobilität – Kommunikation ❖ Internet und der Wandel der Geschäftskultur
ABSCHLUSS-ARBEITEN	Richard Feneberg: Die Gestaltung der Informationsgesellschaft in der Bundesrepublik Deutschland ❖ Christine Fisch: Die Entwicklung von T-Online im Kontext der Entstehung neuer Informations- und Kommunikationsstrukturen in Deutschland ❖ Anja Hinrichs: Der andere Blick: Die feministische Technikdebatte ❖ Anja Maas: Individualisierung in der Informationsgesellschaft ❖ Caroline Meynen: Die Diskussion um die „Datenautobahn" am Beispiel der Nachrichtenmagazine Der Spiegel und Focus ❖ Heike Strutzenberger: Perspektiven kommunikativer Dezentralisierung von Arbeit in Deutschland
AUSGEWÄHLTE PROJEKTE	-
AUSGEWÄHLTE PUBLIKATIONEN	*Gernot Wersig*: Die Komplexität der Informationsgesellschaft. Konstanz: Universitätsverlag 1996. 244 S. (Schriften zur Informationswissenschaft Bd. 26) *Gernot Wersig*: Current state and prospects in Germany: The shaping of an information society. In: KOLISS DL '96 Proceedings of the International Conference on Digital Libraries and Information Services for the 21st Century, September 10-13, 1996 Seoul - Seoul, Korea: The Korean Library and Information Science Society 1996, S. 156-167 *Gernot Wersig*: Probleme postmoderner Wissenskommunikation. In: Rundfunk und Fernsehen - Jg. 46, Nr. 2-3, 1998 - S. 209-236 *Gernot Wersig* Seeger, D. Strauch (Hrsg.): Grundlagen der praktischen Information und Dokumentation. München etc. 1997, Bd. 2, S. 974-999

INFORMATIONSHANDELN

LEHR-BEAUFTRAGTE	Petra Derks ❖ Gerhard Paul Schwederski
AUSGEWÄHLTE LEHRVER-ANSTALTUNGEN	Transzendenz, Transzendentalität und das Begründen menschlichen Handelns ❖ Perspektiven des Bodymind-Managements
ABSCHLUSS-ARBEITEN	Gabriele Dreke: Mitarbeiterakzeptanz bei der Einführung von Bürokommunikationssystemen in Unternehmen ❖ Jürgen Hüttner: Evaluation von Benutzerdaten im WorldWideWeb am Beispiel des Angebotes des Deutsches Historischen Museums
AUSGEWÄHLTE PROJEKTE	-
AUSGEWÄHLTE PUBLIKATIONEN	-

TECHNIK

LEHR-BEAUFTRAGTE	Torsten Bork ❖ Stephan Büttner ❖ Martin Frech ❖ Stephan Görgens ❖ Paul Klimsa ❖ Stephan Machulik ❖ Herbert Nebel, BB-Data ❖ Britta Oertel ❖ Wolfgang Röhrig, Deutsches Historisches Museum ❖ Eva Schrade ❖ Olaf Schreck ❖ Günter Schulz ❖ Schweiger ❖ Hans-Jürgen Thomas ❖ Brian Toussaint ❖ Jörn Turner ❖ Bernhard Vief ❖ Uwe Wassermann ❖ Bernhard Weißhuhn ❖ Bernd Willim ❖ Michaela Wölk
AUSGEWÄHLTE LEHRVER-ANSTALTUNGEN	Maschinelles Lernen zum Generieren von neuem Wissen ❖ Von klassisch symbolorientierten zu sub-symbolischen und genetischen Verfahren des automatischen Lernens ❖ Objektorientierte Datenbanken ❖ Elektronisches Publizieren ❖ Multimedia im Netz ❖ Telekommunikationsinfrastruktur in den neuen Bundesländern ❖ Natürlichsprachliche Schnittstellen ❖ Auf- und Ausbau eines WWW-Servers im Internet ❖ Desktop Publishing ❖ Audiotechnik in Multimedia ❖ Design von modellhaften relationalen Datenbanken für Hypermedia ❖ Zur Systematisierung der IuK-Technologien VAX All in one ❖ Theorie der neuen Medien ❖ Computergrafik ❖ Einführung in Macromedia ❖ Agenten ❖ Networking ❖ CD-ROM-Bewertung ❖ Elektronische Spiele ❖ BOND ❖ ToolBook ❖ Lotus Notes ❖ Einführung in Human Computer Interaction ❖ Gestaltung von Benutzeroberflächen mit Visual Basic ❖ Untersuchung von Bedienkonzepten interaktiver Produkte ❖ Grundlagen der Bildverarbeitung beim Imaging
ABSCHLUSS-ARBEITEN	Joachim Blank: Urbane Strukturen im Internet ❖ Ingmar Decker: Dokumentensuche über Bilder - Konzeption und Aufbau eines „Image-Retrieval-Service" für die „Electronic Visualization Library" ❖ Frank Heinlein: Möglichkeiten und Grenzen der Gestaltung hypermedialer Lernumgebungen mit Autorensystemen ❖ Henning Hetzer: Organisationsprinzipien für den Entwurf, die Herstellung und die Anwendung integrierter Schaltungen ❖ Hartmut Könitz: Ein Mittel der Komplexitätsreduktion im Internet: persönliche Agenten mit künstlicher Intelligenz ❖ Gerfried Kröger: Digitales Satellitenfernsehen in den USA ❖ Yeun-Gu Lee: Telekommunikationsnetze und -dienste in der Republik Korea ❖ Britta Oertel: Telekommunikation in den fünf neuen Bundesländern ❖ Tanja Rosenberg: Technikgenese: Eine Untersuchung der Anwendbarkeit der Ergebnisse der Technikgeneseforschung für die Analyse und Steuerung betrieblicher Innovationsprozesse ❖ Julia Runge: Bewertung von Lernsoftware ❖ Heike Savci: Konzeptionierung hypermedialer Lernsysteme für die universitäre Aus- und Weiterbildung ❖ Andrea Schneider: Netzwerke zur Telekommunikation. Der Informationsverbund Berlin/Bonn ❖ Renate Schneider: Wie sicher sind Computer? ❖ Karla Schöttler: Sprach-Mehrwertdienste in anwenderorientierten und „intelligenten" Netzstrukturen ❖ Attila S. Suicmez: Multimedia-Anwendungen im Internet ❖ Maximilian Vogel: Geschenkökonomie im Internet ❖ Stefan Zorn: Komponenten der Entwicklung multimedialer Einzelplatzanwendungen
AUSGEWÄHLTE PROJEKTE	-

AUSGEWÄHLTE PUBLIKATIONEN	*Degen, Helmut*: Multimediale Gestaltbereiche als Grundlage für Entwurfswerkzeuge in multimedialen Entwicklungsprozessen. In: Herausforderungen an die Informationswirtschaft. Informationsverdichtung, Informationsbewertung und Datenvisualisierung. Proceedings des 5. Internationalen Symposiums für Informationswissenschaft. (ISI '96) / Krause, Jürgen, Herfurth, Matthias Marx, Jutta(Hrsg.) - Konstanz: Universitätsverlag, 1996, S. 213 - 226

ORDNUNG/SPRACHE

LEHR-BEAUFTRAGTE	-
AUSGEWÄHLTE LEHRVERANSTALTUNGEN	-
ABSCHLUSSARBEITEN	Christiane Lünskens: Fragmentarisierung und neue Text-Ansätze in textuellen Medien
AUSGEWÄHLTE PROJEKTE	-
AUSGEWÄHLTE PUBLIKATIONEN	*Gernot Wersig*: Neue berufliche Aufgaben und Berufsbilder. In: Fachsprachen / L. Hoffmann, H. Kalverkämper, H.E. Wiegand (Hrsg.) -. Berlin-New York : de Gruyter, 1998 - 1. Halbband S. 1015-1019

INFORMATIONSMANAGEMENT

LEHR-BEAUFTRAGTE	Torsten Bork ❖ Stephan Büttner, TVA Berlin ❖ Hartmut Eckert ❖ Ralf-Dirk Hennings, FH Potsdam ❖ Sabine Herrmann ❖ Stephan Kurby, TVA ❖ Stephan Machulik ❖ Waltraud Ritter ❖ Günter Schulz, Krone AG ❖ Stefan Sorg ❖ Rüdiger Weißbach
AUSGEWÄHLTE LEHRVERANSTALTUNGEN	Praxiseinsatz von Datenbankmanagementsystemen ❖ Informationsbroking: Zwischen Theorie und Praxis ❖ Informationsmanagement mit Online-Datenbanken ❖ Kommerzieller Einsatz von optischen Archiven ❖ Netzwerkorganisationen ❖ Business Reengineering ❖ Informationssysteme und Generierung neuen Wissens ❖ Einsatzstrategien und Auswirkungen von ISDN ❖ Optimierung informationsgeprägter Geschäftsprozesse ❖ Planung und Praxis des IuK-Einsatzes in Organisationen ❖ Human und Social Factors im virtuellen Unternehmen - Nebensache? ❖ Anatomie und Pathologie von Entscheidungsprozessen in Organisationen ❖ Videokonferenzen ❖ Firmenweiter Informationsverbund ❖ e-commerce

ABSCHLUSS-ARBEITEN	Ina Abraham: Produktlogik oder Anwenderlogik? Eine Untersuchung zur Diskussion um das „ideale" Software-Handbuch ❖ Dorothea Bauer: Videokonferenzen als Möglichkeit des Teleteaching ❖ Semir Bineytioglu: Potentiale multimedialer Systeme an der Kundenschnittstelle ❖ Andrea de la Motte: Netzwerke zur Telekommunikation. Der Informationsverbund Berlin/Bonn ❖ Magdalena Delp: Coaching als Instrument der Aus- und Weiterbildung bei Arbeitern ❖ Sabine Engelhardt: Das Projekt HyperCom als mnemotechnisches Unterstützungsinstrument in einer Umgebung der Industrieforschung ❖ Carsten Goepp: Alternative Teilnehmerendzugänge im Ortsnetz im Zuge der Liberalisierung des Deutschen Telekommunikationsmarktes ❖ Carroll Haak: Gruppenarbeit in der Nutzfahrzeugproduktion in Deutschland ❖ Beate Heycke: Workflow-Management Systeme - Potentiale ausgewählter Workflow-unterstützender Systeme dargestellt am Projekt *Firmenweiter Informations Verbund* ❖ Franziska Karsten: Das Internet als Instrument der individualisierten Marketingkommunikation ❖ Ralf Kleveman: Selbstorganisation teilautonomer Gruppen in kommerziellen und nichtkommerziellen Bereichen ❖ Uta Kreft: Technisierung im privaten Alltag ❖ Karsten Krüger: Der Beitrag des Informations-Managements zur Handlungsrationalisierung im Unternehmen ❖ Melanie Läge: Electronic Commerce - Neuer Markt Internet ❖ Joachim Liebers: Psychotherapeutische Konzepte in Kommunikationstrainingsmethoden ❖ Berte Millhagen: Integration von Szenario-Arbeit in den strategischen Planungsprozeß ❖ Martin Mitterer: Ansätze der Organisationstheorie und Management-Diskussion zu einem menschenbezogenen Organisationsbegriff ❖ Angela Oehler: Informationssuche im Internet. In welchem Ausmaß entsprechen existierende Suchwerkzeuge für das World Wide Web Anforderungen für die wissenschaftliche Suche? ❖ Arne Pingel: Generische und hybride Systeme zur Problembehandlung. Expemplarische Betrachtung der problemgetriebenen Integration uni- und multimedialer Wissensverarbeitung ❖ Doris Reichel: Die lernfähige Organisation ❖ Hubert Rolfes: Konzeption und Entwicklung einer Internetanwendung zur Unterstützung der Rinderzucht in der Weser-Ems-Region ❖ Andrea Rosenkranz: Informationsmarketing. Ein Marketingkonzept für die Informationsvermittlungsstelle Technik der Technischen Universität Berlin ❖ Cornelia Rupp: DV-Einführung in einer Wissenschaftlichen Bibliothek: Ist-Analyse und Planungsszenario für die Bibliothek der Fachhochschule für Wirtschaft Berlin ❖ Oliver Sonntag: Internetbasierte Patienteninformierung – Analyse und Redesign eines medizinischen Informationssystems im World Wide Web ❖ Alexandra Stein: Rolle und Funktion von Kurierdiensten im Zeitalter digitaler Netze ❖ Sabine Stoessel: Analyse und Konzeption einer Online-Zeitung am Beispiel des Berliner Tagesspiegels ❖ Johannes Stulz: Entwicklungsprozess eines Informationsdienstes im World Wide Web: Webpräsenz unter der Lupe - Search. DE ❖ Stefanie Thies: Neue Qualifizierungsbedingungen in High-Tech-Unternehmen - Eine Fallstudie im Bereich innovativer Kommunikationstechnik ❖ Jörn Turner: Gestaltung und Weiterentwicklung eines Informationssystems am Beispiel des Umweltmarkt Berlin/Brandenburg ❖ Michaela Wölk: Entwicklungstendenzen im Umweltmonitoring: Ziele - Technologien - Anwendungsbereiche ❖ Stefan Zarnic: Informationsmanagement auf Basis von Groupware-Systemen

Chronik 1995 bis 2000

	DISSERTATION: Helmut Degen: Entwicklung eines Wirkmodells für eine anspruchszentrierte Softwareproduktion ❖ Stefan Grudowski: Informationsmanagement und Unternehmenskultur aus informationswissenschaftlicher Sicht. Untersuchung der wechselseitigen Beziehung des betrieblichen Informationsmanagements und der Unternehmenskultur
AUSGEWÄHLTE PROJEKTE	Helmut Degen: Multimedia-Engineering. Makroskopische Untersuchung bei der Fa. Pixelpark, Berlin. Informationswissenschaftliche Forschungsberichte 1-5-96, Freie Universität Berlin, Institut für Publizistik- und Kommunikationswissenschaft, Arbeitsbereich Informationswissenschaft, Berlin, Mai 1996
AUSGEWÄHLTE PUBLIKATIONEN	*Gernot Wersig*: Zur Identifikation und Bewertung von Kommunikationsprozessen in Organisationen. In: PR-Erfolgskontrolle / Hrsg. B. Baerns. Frankfurt a.M.: Institut für Medienentwicklung und Kommunikation, 1995. - S. 257-276

GESCHICHTE

LEHR-BEAUFTRAGTE	-
AUSGEWÄHLTE LEHRVERANSTALTUNGEN	Zur Geschichte der Informationsgesellschaft
ABSCHLUSSARBEITEN	-
AUSGEWÄHLTE PROJEKTE	-
AUSGEWÄHLTE PUBLIKATIONEN	-

TECHNIKFOLGENABSCHÄTZUNG/ZUKUNFTS- UND TRENDFORSCHUNG

LEHR-BEAUFTRAGTE	Ulrich Lange ❖ Eckard Minx, Daimler-Benz AG ❖ Wolfgang Röhrig, Deutsches Historisches Museum ❖ Willi Schroll ❖ Reinhard Stransfeld, VDI/VDE ❖ Rüdiger Weißbach
AUSGEWÄHLTE LEHRVERANSTALTUNGEN	Mythos Multimedia ❖ Technikfolgenabschätzung zu den Informations- und Kommunikationstechnologien ❖ Vision „Datenautobahn" ❖ Szenario-Technik ❖ Wie und wohin entwickelt sich das Internet?
ABSCHLUSSARBEITEN	Sabine Roese: Virtuelle Unternehmen: Ein Organisationskonzept der Zukunft? ❖ Jochen Wagner: Digitale Massenmedien - Die Zukunft von Print, Radio und TV
AUSGEWÄHLTE PROJEKTE	Evaluation des ADAPT-Projekts „Telelernen". 1998, KOMBI Consult Projektleitung: Prof. Dr. Gernot Wersig Evaluation des ADAPT-Projekts „Firmenweiter InformationsVerbund".

	1999-2000, Krone AG Projektleitung: Prof. Dr. Gernot Wersig Freizeit-Trendstudie für wasser- und uferbezogene Freizeitnutzungen. 1999-2000, Wasserstadt GmbH Berlin Projektleiter: Prof. Dr. Gernot Wersig Wiss. Mitarbeit: Dr. Petra Schuck-Wersig
AUSGEWÄHLTE PUBLIKATIONEN	*Gernot Wersig*: Überzeugung statt Zwang: Die Notwendigkeit schonender Strategien. In: Anstöße-Forum. Gesellschaftliche Kommunikation für eine nachhaltige Umwelt- und Verkehrspolitik / Ministerium für Umwelt und Verkehr Baden Württemberg: - Stuttgart 1998 - S. 6-7

RECHT/POLITIK

LEHR-BEAUFTRAGTE	Hansjürgen Garstka, Hanns-Wilhelm Heibey, Berliner Datenschutzbeauftragter
AUSGEWÄHLTE LEHRVERANSTALTUNGEN	Informationsrecht ❖ Technische und organisatorische Probleme des Datenschutzes
ABSCHLUSSARBEITEN	-
AUSGEWÄHLTE PROJEKTE	-
AUSGEWÄHLTE PUBLIKATIONEN	-

AUSBILDUNG/TÄTIGKEITSFELD

→ keine gravierenden Aktivitäten

INTERNATIONALES

LEHR-BEAUFTRAGTE	-
AUSGEWÄHLTE LEHRVERANSTALTUNGEN	-
ABSCHLUSSARBEITEN	Cathrin Bonhoff: Ein Sozial-Sponsoring-Konzept als Finanzierungsmöglichkeit für soziale Organisationen am Beispiel des Service Civil International ❖ Manuela Hoffmann: Informationsmanagement in internationalen Organisationen am Beispiel der Personalabteilung der Vereinten Nationen ❖ Simone Jürgens: Organisationsstrukturen japanischer Unternehmen unter Berücksichtigung des Einsatzes von IuK-Technologien ❖ Gerfried Kröger: Digitales Satellitenfernsehen in den

	USA ❖ Marita Schürhoff: Die EU-Umwelt-Audit-Verordnung als Möglichkeit der Intensivierung betrieblicher Kommunikationsvorgänge
AUSGEWÄHLTE PROJEKTE	-
AUSGEWÄHLTE PUBLIKATIONEN	*Gerfried Kröger*: Digitales Satellitenfernsehen in den USA. Sternenfels 1997

VISUELLE KOMMUNIKATION/MUSEUM

LEHRBEAUFTRAGTE	Monika Bergmann ❖ Hartmut Eckert ❖ Rüdiger Götz ❖ Bernhard Graf, Institut für Museumskunde ❖ Richard M. Riedel, Fachhochschule für Wirtschaft ❖ Wolfgang Röhrig, Deutsches Historisches Museum ❖ Ariane Schierloh ❖ Gerd Stanke, Gesellschaft für Angewandte Informatik ❖ Leonidas Vrachliotis ❖ Jutta Wittwer
AUSGEWÄHLTE LEHRVERANSTALTUNGEN	Zur Glaubwürdigkeit des Bildes ❖ Formen der Produktion von Vorstellungsbildern ❖ Kulturmanagement ❖ Grundlagen der typografischen Gestaltung ❖ Informationsvermittlung in Museen und Ausstellungen ❖ Die Stadt als Informationsträger ❖ Digitale Bildverarbeitung für Kultur, Kunst und Geschichte ❖ Philosophische Theorien bildhafter Darstellungen ❖ Design als kommunikativer Bedeutungsträger ❖ Formen der visuellen Kommunikation ❖ Aufbau von Museums-Informationsangeboten im Internet ❖ Museumsforschung ❖ Studien zur Benutzung technischer Außenrepräsentanz von Museen ❖ Internet in der musealen Praxis
ABSCHLUSSARBEITEN	Marion Beck: Marketing für Museen ❖ Monika Bergmann: Dimensionen der Glaubwürdigkeit von Bildern ❖ Sabine Dill: Standort und Funktion einer Messe am Beispiel Leipzigs ❖ Philipp Gottschalk: Analyse von Spielfilmszenen mit Hilfe neuer Technikkombinationen ❖ Karin Kalischer: Anwendung digitaler Technologien in der Filmindustrie ❖ Angela Lübbe: Märchenaspekte in Videospielen - Ein Beitrag zum symbolischen Verständnis von Medieninhalten ❖ Sven Lützen-Gärtig: Alternative Bedienkonzepte für ein zukünftiges Fernsehen ❖ Georg Schieche-Dirik: Projektion im Zusammenhang der visuellen Kommunikation ❖ Sabine Thänert: Die „Lange Nacht der Museen" als Form von Eventmarketing für Museen? ❖ Sophie Vidal: Neue Museumsentwicklungen in Québec - unter besonderer Berücksichtigung der Museumspädagogik ❖ Annette Warzecha: Multimedia als neuer Qualifizierungsbereich ❖ Markus Wrobel: Computer vision – Bilderkennen und –verstehen
	DISSERTATION: Harald Wolff: Das Geräusch. Materialbezogene und darstellerische Aspekte eines filmischen Gestaltungsmittels ❖ Anne Mikus: Firmenmuseen in der Bundesrepublik
AUSGEWÄHLTE PROJEKTE	Mitarbeit an der Einrichtung des Heinz Nixdorf MueumsForum Paderborn. 1994-1996, HeinzNixdorf MuseumsForum – u.a. „Multimedia-Demonstrationsfeld", „Dimensionen des Alltags des Informationszeitalters Deutschland 1955-1995", „Wie funktioniert ein Computer?" (Multimedia-Show)

	Projektleiter: Prof. Dr. Gernot Wersig, Dr. Petra Schuck-Wersig Schuck-Wersig Digitalisierte Bilder im Museum. 1996, Staatliche Museen zu Berlin, Stiftung Preußischer Kulturbesitz Projektleiter: Prof. Dr. Gernot Wersig Mitarbeit: Prof. Dr. Ralf-Dirk Hennings, Dr. Petra Schuck-Wersig, Prof. Dr. Horst Völz ausgewählte Publikationen: Hennings, Ralf-Dirk; Schuck-Wersig, Petra; Völz, Horst; Wersig, Gernot Digitalisierte Bilder im Museum. Technische Tendenzen und organisatorisches Umfeld. Opladen: Leske + Budrich, 1996. - 197 S. (Berliner Schriften zur Museumskunde Bd. 14) Museums-Marketing in den USA, Update der Studie von 1988. 1996-1997, Robert Bosch Stiftung Projektleiter: Prof. Dr. Gernot Wersig, Dr. Petra Schuck-Wersig ausgewählte Publikationen: Petra Schuck-Wersig, Gernot Wersig: Die Situation des Museumsmarketing in den USA. In: Der Kulturmanager - Febr. 1998 - Kap. 3-4, S. 71-94. Petra Schuck-Wersig, Gernot Wersig: Museumsmarketing in den USA. Neue Tendenzen und Erscheinungsformen. - Opladen: Leske + Budrich, 1999 - 188 S. (Berliner Schriften zur Museumskunde; Bd. 15) Nutzungspotentiale von Museums-Außenrepräsentanz durch neue Medien (WWW, CD-ROM). 1998-2000, Volkswagen-Stiftung Gemeinschaftsprojekt mit dem Institut für Museumskunde, Staatliche Museen zu Berlin, Stiftung Preußischer Kulturbesitz Projektleitung: Dr. Bernhard Graf, Prof. Dr. Gernot Wersig Wiss. Mitarbeiter: Dipl. Päd. Andrea Prehn, Dr. Petra Schuck-Wersig Stud. Hilfskraft: Thomas Bauer ausgewählte Publikationen: Schuck-Wersig, Petra, Wersig, Gernot, Prehn, Andrea: Multimedia-Anwendungen in Museen. - Berlin: Institut für Museumskunde, 1998 - 197 S. - (Mitteilungen und Berichte aus dem Institut für Museumskunde, Staatliche Museen zu Berlin Preußischer Kulturbesitz) Schuck-Wersig, Petra, Wersig, Gernot: Museums and WWW: Between Visit Information and Virtual Exhibition. In: EVA Europe '99 Berlin. Conference Proceedings: Electronic Imaging & the Visual Arts, 9th-12th November 1888. Berlin: Gesellschaft zur Förderung angewandter Informatik e,.V. 1999, S.17-1 - 17-5
AUSGEWÄHLTE PUBLIKATIONEN	*Petra Schuck-Wersig, Gernot Wersig*: Marketing und konsequente Besucherorientierung - neue Schubkraft für die Museumskultur? In: Vom Elfenbeinturm zur Fußgängerzone - Drei Jahrzehnte deutsche Museumsentwicklung / Landschaftsverband Rheinland (Hrsg.) – Opladen: Leske + Budrich 1996, S, 151-164 (Schriften des Rheinischen Museumsamtes Nr.61) *Gernot Wersig*: Museums and „information society" – Between market

culture and people´s assurance seeking. Innovations in media and organizational changes in museums. How should training prepare personnel for the new challenges in the museum workplace? Proceedings of the 30th Annual Conference of the International Committee Training of Personnel in Museums (ICTOP) in Berlin, Germany. / A. Ruge-Schatz (ed.) - Fhtw-transfer Nr. 29-98. - Berlin: Fachhochschule für Technik und Wirtschaft, 1998 - S. 13-27

Petra Schuck-Wersig: Marketing. In: Museumsmanagement. Materialien für eine berufsbegleitende Weiterbildung / Deutscher Museumsbund (Hrsg.) - : Stuttgart:Robert Bosch Stiftung, 1999, S. 201-212

Gernot Wersig, Petra Schuck-Wersig: Marketingstrategien für Museen: Eine Studie zur Präsenz deutscher Museen im Internet (Teil 1). Der Kulturmanager Aktualisierung Oktober 1997, 3-10, S. 17-34 (Teil 2) Der Kulturmanager Aktualisierung Dezember 1997, 3-10, S. 35-64

Anne Mikus: Firmenmuseen in der Bundesrepublik. Schnittstelle zwischen Kultur und Wirtschaft. Berliner Schriften zur Museumskunde. Leske + Budrich 1997

ANHANG

Kommentare von Absolventen des Faches[1]

Andrea Manemann-Czech

"Informationswissenschaft hast du studiert? Was ist denn das?" war und ist so einer der häufigsten Sätze , die mir begegnen, wenn ich übermeine Studienzeit erzähle. Das Erzählen brachte mich dann selbst oft zur Fragestellung zurück: was hab ich da eigentlich gemacht / was hab ich gelernt? Informationstheorien, Kommunikationsmodelle, Computertechnologie, Mensch und Technik, Retrievalsprachen, Datenbanken, Informationsvermittlung in Museen, Kommunikation durch Mode etc. , all diese Dinge spreche ich dann an und ernte fast immer den Kommentar: "das hört sich ja spannend an".

Aber nicht nur berufliche Ausbildung, sondern persönliche Erkenntnisse , wie "man kann nicht nicht kommunizieren" , "Information ist die Reduzierung von Ungewißheit", habe ich mitgenommen, die meinen Blick auf die Dinge des Lebens geprägt und geschärft haben.

Diese Vielfältigkeit im Ansatz der Informationswissenschaft hat mir neben Spaß auch einige Berufsvarietäten ermöglicht: so habe ich meine berufliche Tätigkeit direkt nach dem Studium als Datenbankrechercheurin begonnen, später kam als Aufgabe noch das Aufbauen von Datenbanken hinzu. Dann wechselte ich in die Pharmabranche und leitete hier 5 Jahre lang den technisch-organisatorischen Part der internen Informations- und Dokumentationsabteilung, konzentriert hab ich mich dabei auf die technische und die inhaltliche Modernisierung (neue, bedarfsgerechte Serviceleistungen, Intensivierung von Teamarbeit, Computerschulungen etc.) der Abteilung. Dann wurde mir die Möglichkeit eröffnet, in die Marktforschung zu wechseln; mein Soziologiestudium im Nebenfach kam mir hier ergänzend zur Informationswissenschaft zugute.

Heute betreue ich in unserem Unternehmen, inzwischen ein internationaler Konzern im Arzneimittelbereich, in Deutschland auf Rang 10, 2 große Produktpaletten aus marktforscherischer Sicht und glaube , daß ich mir hier einen meiner beruflichen Träume erfüllen konnte.

Die Einstellung meines ehemaligen Studiengangs hab ich mit Trauer zur Kenntnis genommen, denn irgendwie fühle ich mich meiner Wurzeln beraubt. Ich hoffe, man hört noch weiterhin das eine oder andere vom "Wersig-Team" und sieht sich vielleicht auf dem "Ehemaligen-Treffen" in der Akademie der Künste.

Andrea.MANEMANN-CZECH@sanofi-synthelabo.com (26.10.00)

Christine Neubert

Looking back, there is one thing for certain: Informationswissenschaften was the most humane department. Though from its size it was the smallest, the human touch was there. For a student it was possible to speak to the lectures in person, not to mention Gernot Wersig. People listened to you. Took your ideas seriously. And above all, we were allowed to laugh. A laughter and a free intellectual atmosphere I missed so much in my other subjects.

German and English literature in Dahlemdorf often meant no fun. You hardly could fight against the feeling of being a nameless Miss Nobody. One face in the Mensa Crowd. Confusing the Essen Nr. 3 queue with the queue ready to pay with their blue "Girovendkarten". Another one among the 543 other students in a Horsaal. Another frustated fellow group. They just happened to be told that ecturer of the "Gotthold Epfraim Lessing Seminar" shortly cancelled the class. And that just after the long Summer Holiday period when 23 reference books, numerous photocopies and five primary literature paperbacks piled up in your room.

Just compare: this is what Informationswissenschaft is made of. Only here was I lucky enough to found a small team. We prepared for the coming exam. This just happened by putting a note on the

---

[1] Redaktionsschluß: 30. Oktober 2000. Weitere Kommentare finden sich unter http://www.kommwiss.fu-berlin.de/~gwersig/aktion/kommentare.htm.

white board. We met on a weekly bases. Very organized. Read, clarified and discussed the "Vorlesung Skripten". That was vital. It made things clear. The students did not accept things as they were. The diversity of the topics prepared us for life. You know what you know. Be flexible. The medium is message as a wise Canadian once said in print. And that was not Brian Toussaints.

After the protective gates of the university closed behind us it was not so easy to find a suitable job. Tried a little bit here, and a little bit there. However, only when I headed for Ireland, opportunities immediatley improved. An American computer company offered me a permanent contract. Since the beginning of the year I have been back. Back in Berlin. I am working now as an account manageress in a Berliner multi-media company. We specialize in the adminstration and archive systems of our database product. Apart from my multilingual skills I am using much of the content of my main subject. Thanks for the valuable years I spent with you.

christine_maria_neubert@hotmail.com (25.10.00)

Jörg Katenbrink

Nachfolgend ein kurzes Feedback von einem Ex-IuD'ler: In den 80er Jahren war ich an der FU Student mit den 2 Hauptfächern Informations- und Musikwissenschaft. Nach meinem M.A.-Abschluss (heisst: "Magister Artium" - böse Zunge behaupten auch: "Mässige Aussichten") war ich dann Kunde beim Arbeitsamt und habe in dieser Zeit eine Weiterbildung zum "Knowledge Engineer" mitgemacht.

Meinen ersten Job (noch vor dem Fall der Mauer) fand ich dann in Hamburg bei einer Unternehmensberatung; dort konnte ich mich etwa 2 ½ Jahre betätigen. Mein Glück war, dass ich dort den Zugang in die "SAP-Welt" fand. Nachdem ich erneut für einige Monate Arbeitsamt-Kunde war, kam ich zunächst für ½ Jahr als SAP-Betreuer in der EDV-Abteilung in meiner ostwestfälischen Heimat in der "Unterhaltungs-Elektronik-Industrie" unter. Vor etwa 8 ½ Jahren bin ich dann (Dank meiner inzwischen gewonnenen SAP-Kenntnisse) in Köln (schon wieder im Bereich der "Unterhaltungs-Elektronik"...) bei Sony "gelandet" und habe vor gut einem Jahr (mit etwa 200 Kolleg(inn)en) den Umzug von Köln an den Potsdamer Platz nach Berlin mitgemacht.

Doch nun soll auch Sony mächtig umstrukturiert werden, so dass ich momentan gar nicht weiss, wie lange mir mein Berliner Arbeitsplatz noch erhalten bleibt bzw. ab wann er wo (wenn überhaupt) existieren soll...

jo.kat@web.de (26.10.00)

Stefan Grudowski

Als Absolvent des Studiengangs Informationswissenschaft an der FU-Berlin bei Prof. Dr. G. Wersig erlaube ich mir eine Stellungnahme zur vorgesehenen Beendigung des Lehrprogramms Informationswissenschaft an der FU-Berlin.

Ich finde es nicht vertretbar, daß das Fach Informationswissenschaft an der FU Berlin eingestellt werden soll. Im Gegensatz dazu bauen wir in Stuttgart gerade eine neue Hochschule, die "Hochschule der Medien" mit ca. 90 Professoren auf. In dieser neuen großen Medienhochschule wird die Informationswissenschaft in Form der Master-, Diplom- und Bachelor-Studiengänge Informationswirtschaft einen festen Baustein bilden. Die Informationswissenschaft trägt damit in Stuttgart und auch an der Universität Konstanz zur Ausbildung des Nachwuchses von Informations- und Medienfachleuten im Lande Baden-Württemberg bei. Schließlich wird sie auch ihren Beitrag zu Stärkung der Medienwirtschaft des Landes leisten.

Es ist befremdlich anschauen zu müssen, daß in Berlin das abgebaut wird, was in anderen Bundesländern vehement neu auf- und ausgebaut wird und das gerade in einer Stadt, die sich politisch unterstützt zur vorbildlichen Medien-Hauptstadt entwickeln soll.

Mir persönlich hat der Magisterabschluß wie auch die Promotion im Studiengang Informationswissenschaft den beruflichen Einstieg in die Unternehmensberatung ermöglicht. Unsere Hochschul-Absolventen sind hervorragend vermittelbar in der Medienwirtschaft, in den Informationsabteilungen der Unternehmen, in Unternehmensberatungsfirmen und in Public Relations- und Internetagenturen.

Die Informationswissenschaft ergänzt andere Kommunikationswissenschaften, die sich, wie z.b. die Medienwissenschaft stärker mit den Massenmedien wie Rundfunk und Presse auseinandersetzen. Die Informationswissenschaft bringt in das Kommunikationsspektrum u.a. folgende Gebiete ein:

- Fachinformation, wie sie z.b. von Fachverlagen und Online-Providern angeboten wird
- Fachkommunikation wie Öffentlichkeitsarbeit und Mitarbeiterinformation
- Informationsmanagement in Unternehmen
- Abrufdienste im Internet
- Informationsservices im Sinne von spezialisierten Dienstleistungsangeboten
- E-Business und E-Commerce
- Dokumentation
- Knowledge Management

Durch die Vermittlung dieser eben genannten Gebiete entstehen für die Studenten innovative Arbeitsplätze. Deutschland ist auf die Erforschung und Weiterentwicklung dieser Gebiete durch die Informationswissenschaft angewiesen. Die Informationswissenschaft unterscheidet sich von der Informatik und ergänzt diese: Während die Informatik Techniker bzw. IT-Fachleute ausbildet, legt die Informationswissenschaft den Schwerpunkt auf Informationsinhalte. Die inhaltliche Erarbeitung von Information, deren Strukturierung und Vermarktung im Sinne des Dienstleistungsmanagements sind die Stärke und Zukunftsperspektive der Informationswissenschaft, wie der Internetboom aktuell beweist. Es müssen auch die jungen Leute in Deutschland eine akademische Ausbildungschance haben, die sich mehr inhaltlich, als rein technisch in den Wachstumsmarkt Information beruflich einbringen wollen. Dies kann die Informatik allein nicht leisten, sie braucht die Informationswissenschaft als inhaltliche Grundlage und Ergänzung.

SGrudow@aol.com (24.10.00)

Wolfgang Ratzek

Informationswissenschaft bei Gernot Wersig (!) zu studieren ('82-'86), war eine sehr gute Entscheidung. Dieses Statement gilt auch noch nach 14 Jahren Berufspraxis. Schon während des Studiums leitete ich einen von mir konzipierten Online-Informationsdienst im Bereich des Technologietransfers. Eine Tätigkeit, die ich ohne die informationswissenschaftlichen Grundlagen mit Sicherheit nicht hätte ausüben können. Und hier liegt m.E. der Reiz der Berliner Informationswissenschaft. Das Team um Gernot Wersig vermittelte neben Kenntnissen und Fähigkeiten, etwas was in vielen Studiengängen erst jetzt langsam thematisiert wird: Handlungskompetenz und Freiräume für eigene Ausflüge in die Praxis, die dann mitunter auch zu einer Existenzgründung führen, wie in meinem Fall. Nach dem Studium folgte die Promotion. Während und nach der Promotion folgten leitende Tätigkeiten in Werbung/PR, Lehre, Unternehmens- und Personalberatungen. Obwohl das auf den ersten Blick nichts mit Informationswissenschaft zu tun hat, waren meine Arbeitgeber und meine Kunden/Klienten stets überrascht, was mit einer inhaltlichen, menschenzentrierten und visionären Informations-wissenschaft alles möglich ist. Wenn das so gut ankommt, dann liegt es auf der Hand eine eigene Firma zu gründen. Bei mir wurden es dann im Laufe der Zeit mehrere Firmen (nacheinander), weil der ständige Wandel auch eine ständige Neuorientierung verlangt. So bin ich vom Geschäftsführer einer Werbeagentur über den freiberuflichen Marketingberater und Fachjournalist vor einiger Zeit Mitgeschäftsführer in einer Unternehmensberatung geworden - der CSI Consulting. Den Schwerpunkt meiner Arbeit bildeten internationale Markt- und Länderanalysen für deutsche Spitzenunternehmen. Damit noch nicht genug, aufgrund meiner informationswissenschaftlich basierten Tätigkeiten wurden bald auch Institutionen wie die E.A.P. Europäische Wirtschaftshochschule, die Hochschulen der Telekom in Berlin und Leipzig und andere Einrichtungen und Wirtschaftsunternehmen auf meine Arbeit aufmerksam, die diesen informationswissenschaftlichen Ansatz integrieren wollten. Den vorläufigen Höhepunkt bildet nun meine Berufung zum Professor an die FH Stuttgart - HBI für das Fach BWL für Informationseinrichtungen mit den Schwerpunkten Personal- und Organisationsmanagement sowie Marketing und Controlling. Nun kann ich alle meine bisherigen Aktivitäten zusammenführen. Synergieeffekte heisst das wohl? An meinem Beispiel wird deutlich, was die Berliner Informationswissenschaft (vor allem auch in der Person von Gernot Wersig) geleistet hat und leisten kann: Menschen zu befähigen, Aufgaben und Probleme der verschiedensten Art zu bewältigen, indem wir - die Informationswissenschaftlerlnnen - Sinnstiftung betreiben und Perspektiven entwickeln, die auch etwas mit Existenzsicherung zu tun haben. Nun müsste ein Exkurs über die Informatik-Industrie folgen. Es sei nur so viel gesagt: Technik allein löst keine Probleme, es bedarf immer auch Menschen, die mit Hilfe von Technik(en) innovativ, wertschöpfend, gestalterisch usw. tätig werden. Statt "Schulen ans Netz" (IT-Euphorie) würde ich "InformationswissenschaftlerInnen in die Schulen" sagen (inhaltlich orientierte Information und Kommunikation als Basisqualifikation). Was nützt mir der vielzitierte Informatik-Führerschein, wenn ich keine Ideen habe, um die Segnungen der Technik sinnvoll zu nutzen? Vor diesem Hintergrund ist es aus meiner Sicht ein grosser Fehler die Berliner Informationswissenschaft auszulöschen. Zum Glück ist damit nicht auch gleichzeitig unser Gehirnareal mit dem informationswissenschaftlichen Know-how ausgelöscht. Die Berliner Informationswissenschaft wird dennoch weiterleben.

ratzek@hbi-stuttgart.de (16.10.00)

Karsten Fischer

Wie viele andere bedaure ich das gnadenlose Einstampfen eines der wenigen wirklich sinnvollen Fachbereiche - auch wenn wir immer nur Arbeitsbereich waren. Ich habe dieses Jahr im März meinen Magister (Inf.wiss., Soziologie, Ethnologie) endlich einmal gemacht - wurde auch Zeit nach einem Studienbeginn WS1991/92. Aber wie bei so vielen Informationswissenschaftlern hatte ich mich einfach zu viel zu tun um mich dauernd um die Uni zu kümmern. Information-Broker, Market-Research, Media-Beratung, Content-Management (Audio u. Video) waren die Schwerpunkte, die mich umtrieben (Meist in der Selbständigkeit). Dank der weitsichtigen Ausbildung in der Informationswissenschaft immer mit einem Augenmerk auf die Technikfolgen. Und so sitze ich jetzt als Content-Management Spezialist bei der T-Nova, einer F+E-Tochter der Deutschen Telekom in Berlin, bastle Strukturen und Inhalte für neue Dienste und begleite die parallel laufende Nutzerforschung. Die Informationswissenschaft habe ich in guter Erinnerung: anfangs verwirrend weiß ich inzwischen die Breite des Lernspektrums zu schätzen, die uns vermittelt wurde und wie einige der anderen schon schrieben, vieles was zur Zeit als neue Entwicklung verkauft wird, kommt mir von den Ideen her sehr bekannt vor. Insbesondere wenn man alte Studienunterlagen noch einmal durchwühlt stellt man fest, trotz der angeblichen Rasanz der IuK-Entwicklung, da wird auch nur mit Wasser gekocht. Ich habe die Neugier auf all diese Entwicklungen, gepaart mit einer gesunden Skepsis gelernt und bewahrt und das ist gut so. Außerdem treffe ich dauernd auf Informationswissenschaftler, privat wie im Job.

Karsten.Fischer01@telekom.de (16.10.00)

Henning Hetzer

Nun wird es also doch eingestellt, unser Fach, das vielleicht das Wort "Internet" im Namen hätte führen sollen statt so etwas kompliziertes wie "Information" oder gar "Wissen". Das ist trotz allem traurig, könnte aber auch der Auftakt zu einer Legendenbildung sein, zumindest für "Eingeweihte" ;-) Ich habe von 1992 bis 1997 Informationswissenschaft studiert und denke eigentlich gerne an diese Zeit zurück. Manchmal stelle ich fest, daß mich das Studium und die dortigen akademischen Lehrer schon deutlich geprägt haben, weniger von beruflichen Handwerklichkeiten her, sondern vielmehr in der Art des Denkens, des Herangehens an Probleme. Schlicht: "Komplexitätshandling" oder "relativ klar denken lernen" – das und vielleicht ein ungefähres Verständnis für "Information" und "Wissen"; in der Art, wie man Elektrotechnikern erzählt, daß der Sinn Ihres Studiums darin besteht, halbwegs zu begreifen, was "Strom" und was "Spannung" ist ... das war dann schon eine ganze Menge. Zur Zeit arbeite ich bei einer Tochtergesellschaft größerer deutscher Automobilunternehmen und befasse mich mit Technologiefrüherkundung, im weiteren Sinne mit Zukunftsforschung. Ein bißchen "Magister unter Ingenieuren" (aber auch als Ingenieur (Zweitstudium)); Sachen durchdenken, strukturieren, beschreiben, mit etwas Phantasie erweitern und in eine Form bringen – also genau das, was ich als Geisteswissenschaftler gelernt habe ... ach ja, ‚Webdesign' betreiben wir hier auch, wenn ich jetzt sage "so nebenher" klingt das überheblich, aber eigentlich bauen wir in diesem Projekt Strukturwissen auf ... . Ich glaube, daß es heute viel mehr Leute bräuchte, die "Wissen" strukturieren können, auch und gerade im Bereich "klassischer" Technologien - denn Programmierer dürfte es über kurz oder lang ausreichend geben, womit der Ausgangspunkt "Warum bildet man weniger davon aus?" wieder erreicht wäre. Ich weiß es nicht. In diesem Sinne und an dieser Stelle möchte ich Ihnen und allen am Institut einfach noch einmal danken.

hetzer@pc.inpro.de (2.10.00)

Julia Klingemann

Jetzt ist sie also doch dran die Infowiss...Ich kann nur sagen, dass ich das mehr als bedauere. Wir haben bei Ihnen vor allem Selbständigkeit und kritisches Denken gelernt - auch und vor allem über die "Neuen Medien". Als ich 1994 meine Magisterarbeit bei Ihnen zum Thema Hypertext schrieb konnten höchstens ein paar Insider die jetzige Entwicklung des Internet erahnen. Wir aber hatten die Möglichkeit - sozusagen in einem kleinen "ThinkTank" - Visionen zu entwickeln. Dass dieses Fach und damit auch diese Möglichkeiten jetzt doch (beim ersten Uni-Streik haben wir das ja mit einer neuen Prüfungsordnung noch abwenden koennen ;-)) abgeschafft werden ist ein Armutszeugnis fuer Berlin. Aber nun zum Heute: Meine gegenwärtige Adresse und Tätigkeit: Geschäftsführerin der akademie.de ASP GmbH E-Learning Anbieter. Mehr als 10.000 Mitglieder nutzen unsere über 50 Selbstlernkurse und bereits mehr als 1200 Interessierte haben bislang an unseren betreuten Online-Workshops teilgenommen. Infos unter http://www.akademie.de. Hier finden sich auch Infos ueber unsere kostenlosen Informationsdienste Tipps&Tricks zur Internetnutzung, Newsboard, die kommentierte Linksammlung GründerlinX rund um Unternehmensgründung und -führung und die Sammlung zum Thema Online-Recht.

klingemann@akademie.de (2.10.00)

Anja Hinrichs

Ich begann das Studium der Informationswissenschaft im WS 89/90 und gab meine Magisterarbeit im Oktober 1995 ab. Dazwischen habe ich schöne und lehrreiche, aber auch nervige Stunden an der FU verbracht. Zu den informationswissenschaftlichen Seminare bin ich grösstenteils gerne hingegangen - auch wenn Lankwitz nicht gerade ein Campus-Gefuehl vermittelte. Insbesondere die Stelle als Tutorin mit Lehraufgaben haben mich weitergebracht und mir in den Tätigkeiten als Führungskraft viel genutzt. Seit dem Ende des Studiums im Frühjahr 1996 habe ich bereits mehrere Tätigkeiten ausfuellen können. Angefangen von der Selbständigkeit (Beratung von Grosskunden bei der Einführung von Bausoftsoftware) ueber Teamleiterin im CallCenter u.a. hin zur derzeitigen Tätigkeit. Ich bin jetzt Trainerin bei eBay.de. EBAY ist das weltweit grösste Internetauktionshaus und hat im Frühjahr 1999 eine beispielhafte Internet-Startup-Geschichte entwickelt. Eingestiegen bin ich im Customer Support und habe Kundenemails beantwortet. Ein paar Monate und viele neue Kollegen/innen später habe ich mich auf die Trainerstelle beworben und fuelle diese nun mit Elan aus. Inhaltlich war dieses Fach das Beste, was mich im Berufsleben weitergebracht hat. Heute werden zwar in der Hauptsache Experten gesucht (Programmierung, WebDesign, EBusiness etc), jedoch fehlen vielen das Verständnis für Gesamtzusammenhänge. Auch wird ein Riesen-Hype um Internet und LifeStyle etc. gemacht - keiner hält mal inne und schaut sich so wie wir im Studium mal den Einfluss und die Auswirkungen der neuen I+Ktechnologien in ihrer gesamten Breite an. Gerade dies hat mir gut gefallen: I+K in seiner Gesamtheit zu betrachten. Das fehlt völlig - und wenn es vorkommt, scheint es nicht in die breitere Öffentlichkeit zu gelangen. nun, vielleicht waren wir auch im Elfenbeinturm und hatten von daher nicht die Beachtung- das kann ich heute nicht mehr beurteilen. Mir hilft es jedenfalls in meinem Leben, InfoWiss studiert zu haben, da mir die heutigen Entwicklungen nicht so unbekannt, fremd und ängstigend sind. Im privaten Kreis kann ich heute noch manchmal sagen: mit dem Thema haben wir uns in Infowiss. schon anno 199X beschäftigt. Und das ist nicht arrogant gemeint, sondern ich kann dann meine Erfahrungen und Betrachtungen über die virtuelle Welt weitergeben. Dies soll's für's erste sein - vielleicht melde ich mich nochmal zu diesem Thema (wenn ich mal Zeit hatte, es nicht so spontan zu schreiben). Ich habe es ein paar Leuten weitergesagt - sicherheitshalber. Herzliche Grüße aus dem Europarc Dreilinden (seit Juni Sitz von eBay.de).

ahin@gmx.de (28.9.00)

Beate Schwichtenberg

Ich habe vom WS 80/81 bis WS 86/87 Informationswissenschaften im Hauptfach studiert und im Dezember 1987 meinen Magister erworben. Ich habe mit Bedauern gelesen, dass der Arbeitsbereich Informationswissenschaften eingestellt worden ist. Ich habe das informationswissenschaftliche Gedankengut in meine verschiedenen Arbeitsstellen mithineingetragen und vertreten. Seit 1989 arbeite ich in der IuD-Abteilung des Deutschen Zentrums für Altersfragen im Bereich Informationsvermittlung

schwichtenberdg@za.de (22.5.00)

Annette Samaras

Ich habe von 1984-1992 Informationswissenschaften studiert und bei Ihnen meine Magisterarbeit (über das schöne Thema Autowerbung) geschrieben. Seit 1993 arbeite ich bei der Fotoagentur Ullstein Bilderdienst als Bilddokumentarin. Meine Tätigkeit umfasst u.a.

- Archivierung / Dokumentation neu eingehender Fotos und des historischen Bestandes für unsere Text- und Bilddatenbank, Datenbankpflege

- Recherche, Redaktion und Auftragserledigung für unsere Kunden aus Verlag, TV, Werbung etc.

- Kontakte mit Fotografen, Akquisition

Das Studium der Informationswissenschaft hat mir insgesamt Spass gemacht; inhaltlich fand ich es zwar manchmal etwas wirr (Gemischtwarenladen), aber es hat mir viel Anregungen gegeben, weil man eben nicht nur auf ausgelatschten Pfaden wanderte. Heute staune ich immer wieder, wieviel von dem, was wir einst theoretisch diskutiert haben, Wirklichkeit geworden ist: ich arbeite mit einer Bilddatenbank, wir beamen mal eben ein paar Farbbilder via Leonardo zum Kunden, per Volltextrecherche erfahren wir ganz schnell was wir denn so an Fotos zum Thema Gastronomie Berlin haben usw. Zur Einstellung des Faches fällt mir ehrlich gesagt nicht mehr viel ein; Proteste verhallten ja schon früher sinnlos und eine kritische Auseinandersetzung mit der Entwicklung der Informationstechnologie ist offenkundig so wenig gefragt wie früher. Genau das könnte die Informationswissenschaft vielleicht leisten, wenn sie denn die Möglichkeiten dazu hätte (oder besser: gehabt hätte). Ich nutze die neuen Technologien selbst, aber die enorme Internet-Euphorie finde ich doch etwas bedenklich. Hat mir das Studium etwas genutzt? Nach mehreren Jahren Berufstätigkeit kann ich sagen: Ja. Nicht so sehr deswegen, weil das Studium mir praktisch etwas gebracht hätte, sondern weil ich eine Ahnung davon bekam, wohin die Gesellschaft sich orientiert, was ja dann schliesslich auch die Berufswahl beeinflusst hat. Als ich im Juni 1993 anfing, im Ullstein Bilderdienst zu arbeiten, war ich mir dessen noch gar nicht bewusst. In diesen Jahren hat sich unser Berufsbild völlig verändert! Die Veranstaltung im Oktober und die weitere Diskussion würden mich sehr interessieren! Kann ich etwas dazu beisteuern? Über Rückmeldung und weitere Kontakte freut sich:

Annette.Samaras@t-online.de (3.4.00)

Sabine Stoessel

Für mich ist die Informationswissenschaft das einzige und damit einmalige Angebot, Informationsprozesse nicht auf Informatik, Psychologie, Politik, Soziologie und Betriebswirtschaft zu beschränken, sondern die Fragestellungen, die sich aus den aktuellen gesellschaftlichen, politischen und wirtschaftlichen Situationen nun einmal ergeben, in der Vergangenheit, Gegenwart und Zukunft interdisziplinär zu betrachten und mehr noch als eigenständige Disziplin zu betrachten. Ich bin dabei, wenn es darum geht, das Ende der Informationswissenschaft zu kritisieren.

stoessel@tsp.bln.de (2.4.00)

Christian Klass

Eigentlich bin ich noch immer Student der Informationswissenschaft - länger als man es eigentlich bei Betrachtung der Regelstudienzeit für gut heissen würde. Der Grund dafür ist jedoch nicht unbedingt darin zu suchen, dass ich unlustig war, mein Studium zu Ende zu bringen, sondern dass ich während des Studiums hauptsächlich am Aufbau eines eigenen Internet-Unternehmens beteiligt war, das ohne fremde Finanzierungshilfen auf die Bein gestellt wurde. (Das nötige Geld verschaffte ich für meinen Teil durch Wochenend-Jobs im Pflegebereich...) Dabei hat mich die Informationswissenschaft begleitet, mit deren Hilfe mir die Betrachtung der Neuen Medien, ihre Entwicklung und Auswirkungen auf die Menschen auf eine wissenschaftlichere und hintergründigere Weise möglich wurde. Dazu trugen unter anderem auch einige der - dank immer geringerer Sachmittel im Laufe der Semester immer weniger gewordenen - "Gastdozenten" bei. Ich hoffe, dass ich selbst einmal meinen Teil als Gastdozent beitragen kann, wenn es zu diesem Zeitpunkt noch eine Informationswissenschaft gibt... Was mir nicht so gefallen hat? Eigentlich nur eines: Der verschlafen-düster-deprimierende Standort Lankwitz und die schlechte Technik-Versorgung. Zurück zu meiner derzeitigen Tätigkeit: Ich bin einer der beiden Gründer der Klass und Ihlenfeld GbR, die seit 1998 besteht und in Kürze zur GmbH oder AG umfirmieren wird. Wir publizieren seit 1998 die Online-Fachpublikation GNN.de (Abk. f. Golem Network News), die täglich über Neuigkeiten und Entwicklungen aus der Informations-Technologie-Branche berichtet. Finanziert wird GNN.de durch Werbung, Sponsoring und den Verkauf von Inhalten. Zu unseren Kunden zählen unter anderem E-Plus, Freenet (MobilCom), Akademie.de usw.

ck@gnn.de (3.7.00)

Ralf Kleveman

Über die Lehrer, das Lernen, das Wissen und das Handeln

Ich glaube Gernot Wersig hat mich als vielleicht intelligenten aber bestimmt sehr anstrengenden Absolventen in Erinnerung. Ich habe ihn für mich als einen Lehrer auf meinem Weg wahrgenommen und viel von ihm gelernt. Gefehlt hat mir bei diesem Lehrer die spürbare Begeisterung über das eigene Tun, über das eigene Leben und Lebendig-Sein in dem, was und wie er es kommunizierte. Trotz seiner Genialität verbreitete er oft eine Atmosphäre des Mißmutes über die nicht gelungene Anerkennung der Informationswissenschaft im wissenschaftlichen Umfeld. Ich jedoch habe ihn und die Informationswissenschaft an der FU-Berlin als mein Glück begriffen. Unser Lehrer hat uns Angebote des strukturierten Umgangs mit Kognitionen, Informationen und Wissen sowie deren Konsequenzen für das Handeln in virtuellen und realen Welten gemacht. Er hat uns die Freiheit des handelnden Wissenschaftlers bzw. des wissenschaftlich Handelnden gelassen, mit dieser Lehre und Forschung etwas anzufangen und für unser Tun die Verantwortung zu übernehmen. Dies hat Gernot Wersig mit seiner Informationswissenschaft neben Hans-Peter Dürr (Nachfolger Heisenbergs am Max-Planck-Institut München 1985) und Johannes Heinrichs (Nachfolger Bahros am Lehrstuhl für Sozialökologie HU-Berlin) für mich zum wirklichen Lehrer unter all den Professoren gemacht, denen ich an 5 Universitäten in Deutschland von 1985 bis 1995 begegnen durfte.

Die Fähigkeit, politisch zu denken und zu handeln hat mir bis zu seinem Tode vor drei Jahren mein Vater beigebracht. Er war mein politischer Lehrer. Für die Bereiche Identität, Lebendigkeit, Transzendenz, Mystik und die Liebe zum Leben an sich, begegnete mir ein Lehrer aus der Sufi-Tradition, der mich nach langem Abwarten (auch er empfand mich als ausgesprochen anstrengend) lehrte, mich selbst und das Leben zu lieben, mich nirgends als Opfer wiederzufinden und die volle Verantwortung für mich und das, was um mich herum passiert, zu übernehmen. Selbst- und Potentialmanagement sowie Wahrnehmungsschulung wären die Modeworte, die diesen weiteren Lernprozeß notwendig aber in in einem essentiellen Punkt nicht hinreichend beschreiben: es fehlt Demut! Die Postmodernen wollen von Demut nichts wissen. Demut begriffen als die hohe Kunst, das wahrzunehmen, was wirklich wahr ist, also die Selbstbetrugsmechanismen des eigenen selbstreferentiellen Systems aufzudecken und zu suspendieren. Erst der Umgang mit der Kunst der Demut, versetzte mich in die Lage, das zu tun, was ich heute 5 Jahre nach meinem MA-Abschluß "Selbstorganisation teilautonomer Gruppen" in Informationswissenschaft, VWL und Organisationspsychologie tue. Heute leite ich mit einer weiteren Vorständen aus 4 Nationen den TUSMA e.V. die studentische Arbeitsvermittlung für alle Hochschulen Berlins außer der FU. Wir sind wohl eine der internationalsten und multikulturellsten NGOs dieser Stadt und Deutschlands. Wir kümmern uns mit 45 Mitarbeitern aus 15 Nationen darum, daß unsere KommilitonInnen aus 70 Nationen zu gleichen Bedingungen - egal wo ihre Wiege gestanden hat - schnell in Brot und Arbeit kommen. Wir entscheiden demokratisch, wie Lasten verteilt werden. Wir machen es selbst und verdienen unser Geld selbst. Der Staat hilft uns nicht besonders. Wir verdampfen die monolitischen Ordnungssysteme von Arbeits, Finanz-, Sozialversicherungs, (ggf.) Ausländerverwaltungen sowie die notwendigen Bestandteile des Arbeitsrechtes auf ein DIN-A 4-Blatt mit

2 Durchschlägen und schon ist nach einer halben Minute ein vollständiges Zugangs- und Abrechnungspapier zum deutschen Arbeitsmarkt erstellt. Wir übernehmen als einziger Nicht-öffentlich-rechtlicher Service-Dienstleister in der Bundesrepublik vollhaftend Arbeitgeberpflichten, um die Arbeitsverhältnisse von der vielen Bürokratie freizuhalten. Wir sind ein Prototyp für eine volkswirtschaftlich vernünftige Flexibilisierung am Arbeitsmarkt und hoffen bald die gesetzlichen Grundlagen zu finden, den volkswirtschaftlich wenig vernünftigen Arbeitnehmerüberlassern mit unserem den Markt streitig zu machen. Die TUSMA ist auch eine Welt-Friedensschule, denn Kulturbrüche müssen bei uns moderiert werden, sonst findet keine Arbeit statt, was sich niemand leisten kann. Wir handeln in erster Linie mit Informationen und organisieren uns ökonomisch, politisch und kulturell im Umfeld dieser Stadt selbst. Wir haben den Turn-Around 1999 geschafft und verändern uns hin zu einer virtuellen Vermittlung via Internet. Ich könnte all diesen Prozessen als Vorstandsvorsitzender nicht vorstehen und sie moderieren, wenn ich nicht Lehrer gehabt hätte, die mich gelehrt hätten das zu tun, was ich kann und das zu sein, was ich bin. Deswegen bin ich sehr, sehr dankbar, daß es Herrn Professor Wersig und die Informationswissenschaft hier in Berlin gegeben hat. Ich bedaure zutiefst, daß der Studiengang eingestellt wurde. Wieder ist ein Ort verschwunden, an dem modernes Gemeinnutzenmanagement in wissenschaftlicher Freiheit erlernt werden kann. Ich persönlich wünsche mir, daß mein wissenschaftlicher und mein spiritueller Lehrer sich begegnen würden. Beide sind gleich groß, gleich genial, oft gleich mißmutig, gleich menschenfreundlich und tierlieb und gleich fleißig darin, ihren Schülern etwas zu vermitteln, so dumm diese auch sein mögen. Beide Lehrer zusammen wären ein Dream-Team und schwer zu schlagen.

kleveman@t-online.de (27.10.)

Gerhard P. Schwederski

Ein herzliches Dankeschön an Euch von einem Ehemaligen, der durch INSTRAT geschult das handwerkliche lernte, um dann die Höhen der Theorien zu erklimmen. Nach verschiedenen Tätigkeiten (Wiss. Mitarb., Wiss. Bibl.) arbeite ich heute als Info-Broker.

bidserv@berlin.snafu.de (27.10.)

Peter Spohn

Heute bekam ich die Nachricht: den Studiengang Informationswissenschaft wird es nicht mehr geben. Aus welchen Gründen auch immer: schade ! Gernot Wersig schrieb vor ca. 18 Jahren in die Begründung meines Antrags auf ein Doppelstudium Informatik/Informationswissenschaft: "Gerade die Kombination von Medien, Telekommunikationsanwendungen und Informationsverarbeitung sprechen für sehr gute Berufsaussichten". Wie recht er behalten sollte. Den Bereich Informationswissenschaft habe ich immer als sehr lebendig, fallbezogen, konkret und weiterbringend erlebt. Insofern war das auch zur recht abstrakten Lehre der Informatik (zumindestens im Grundstudium) eine sinnvolle und ratsame Bereicherung. Prof.Wersig war für mich ein klasse Lehrer, der wirklich Wissen vermittelte, es war schön ihm zuzuhören und aus den (meisten) Stunden immer viel Substanz mitzunehmen. Ich habe nach meinem Studium 8 Jahre in der IT-Industrie, dann in der Unternehmensberatung gearbeitet. Seit 6 Jahren bin ich jetzt in der Telekommunikationsbranche (Leiter Vertrieb Deutschland, Öffentliche Auftraggeber & Dienstleister, Deutsche Telekom AG). Ich bin sicher: Ohne die Kombination beider Fächer hätte sich mein Weg nicht so positiv entwickelt. Es wäre sicher nicht ohne ein eindeutiges Schwerpunktfach - wie der Informatik oder Nachrichtentechnik - gegangen, aber eben auch nicht ohne IuK. Für die gute Ausbildung und viele gute Ratschläge und Unterstützung auch an dieser Stelle herzlichen Dank an Gernot Wersig. Wie gesagt: Schade.

peter.spohn@t-online.de (28.10.)

Petra Derks

Die Vorlesungen und Seminare von Gernot Wersig waren für mich die Essenz der Informationswissenschaft. Es war genau das Studium, das ich gesucht hatte. Es hat mir zu einem Überblick über die Zeit der Moderne/Postmoderne verholfen. Auch die Übersicht der neuen Informations- und Kommunikationsmittel, die Einblicke in deren technische Funktionsweise und Leistungsmerkmale war span-

nend. Die Themen und die Struktur der Seminare und Vorlesungen entsprachen genau meinem Interesse. Sie haben viele Fragen beantwortet, historische Hintergründe aufgehellt und viele neue, mich weiterführende Fragen angeregt. Was ich gelernt habe, war inspirierend und ist immer noch eine Basis für mich. Ich habe in Informationswissenschaft bei Gernot Wesig wie nirgendwo anders an der Universität gelernt, selbständig zu denken, weiterzuforschen in den Bereichen, in denen ich Wege meiner zukünftigen Entwicklung sah. Es herrschte ein scharfsinniger, toleranter und humorvoller Geist, der mich des öfteren überraschte und erhellte. Sogar meine mündliche Abschlussprüfung hat mir, im Nachhinein betrachtet, Spaß gemacht. Ich bin begeistert in die Seminare gegangen, auch nachdem ich das Studium abgeschlossen hatte. Aufbau und Inhalt des Studiums sind für mich ein entscheidender Baustein, zu meiner eigenen Autorität zu gelangen, was Wissen und Denken über die Welt und mich als Mensch anbelangt. Ich bin dadurch selbstbewußter in meinem Denken und Handeln. Im Laufe des Studiums kristallisierte sich immer deutlicher der Schwerpunkt heraus, nach Elementen zu suchen, die in der gegenwärtigen Verunsicherung des Wissens, Stabilität, Übersicht und Erneuerung bieten. Diese Elemente sehe ich in vernachlässigten oder vergessenen Wissensformen wie Intuition oder "Körperwissen". Meine Magisterarbeit hatte das Thema des "verborgenen Wissens". Sie untersuchte Wissensstrukturen in Weisheitssystemen. Beruflich bin ich selbständig und gebe Intuitions- und Kommunikationstrainings. Ich lehre verschiedene Formen von Körperarbeit und Zugänge zu inneren Wissensstrukturen. Mein Wunsch dabei ist, Menschen Freude am Lernen, an ihrem Körper, den eigenen Möglichkeiten zu vermitteln. Ich wünsche mir außerdem Schüler, die im Kontakt mit ihrem eigenen Wissen Souveränität, Gewissheit und gelassene Heiterkeit finden.
Psyri@gmx.de (28.10.)

Ansgar Grapentin

Schade, dass es nun vorbei ist. Ich habe nie verstanden, warum die Informationswissenschaft an der FU-Berlin nicht aus ihrem Orchideendasein herausgekommen ist. Ich war und bin fest davon überzeugt, dass gerade die Inhalte, die ich während meines Studiums vermittelt bekommen habe, heute dringender als je gebraucht werden. Ihnen, Herr Wesig danke ich für Ihren grossen Einsatz über all die Jahre und viele interessante Seminare in meinen 9,5 Semestern Informationswissenschaft (WS 1991-SS 1996) ... nach dem Studienabbruch 1996: 2-jährige Ausbildung zum Informatikassistent / SoftwareTechnologie am Bildungszentrum für informationsverarbeitende Berufe (b.i.b.) in Hannover ... derzeitige Tätigkeit: Manager WebProduction SinnerSchrader AG Hamburg.
ansgar@sinnerschrader.de (30.10.)

Axel Ermert

Einstellung von etwas Zukunftsträchtigem?
Es gäbe schönere Anlässe als die Einstellung der Berliner Informationswissenschaft - wie die Einstellung manch anderer Projekte, derer wir offenbar nicht mehr bedürfen, da sich alles von allein macht - , um über sie einige objektive und subjektive Anmerkungen zu machen. Als Beitrag von einem der ältesten, d.h.zugleich: ersten, Studierenden wird er vielleicht etwas exotisch anmuten - aus einer Zeit, als "Rechner" noch höchstens einmal in der Woche im Studium vorkamen: bei dem ehrfürchtigen Anschauen (nicht Benutzen, das durften nur Datatypistinnen) eines Großrechner-Terminals bei Wilfried Kschenka im Pädagogischen Zentrum Berlin, und in der Tatsache, dass auch Taschenrechner noch ein Vermögen kosteten. Was für ein Erlebnis für einen 20jährigen - der sich u.a. auch für Karteikarten und Bibliotheken interessierte, aber aus heutiger Sicht verlegen gestehen muß, nicht mehr zu wissen, wie genau er von da zur Informationswissenschaft gekommen ist - , sich für ein Fach zu immatrikulieren, bei dem man zur Studienberatungs-Vorbesprechung etwas unbedarfen vor einem Zehlendorfer Mietshaus steht, erneut telefoniert und den Bescheid erhält: "Ja, klingeln Sie ruhig - es ist bei mir in der Wohnung. Wir führen das Gespräch in der Küche" ! Und dann auf einen hoch engagierten Prof. Schober trifft - und ein oder zwei Semester später ist schon nicht mehr Unterricht für alte wie junge Studenten zusammen in einem Raum, sondern "ganz normale" Seminare in ganz normalen Universitätsräumen. Das Studium der Soziologie und Informationswissenschaft dauerte dann von Sommer 1972 bis Januar 1978; die noch relativ wenigen Studenten hatten alle ein Praktikum, und unseren Soziologen verschlug es ins DIN Deutsches Institut für Normung, wo trotz anfänglicher Bedenken doch außer Schrauben, Chemie und Metalltechnologie auch ein lebendiges Eckchen "Bibliotheks- und Dokumentationswesen", "Terminologie", "Drucktechnik" und "Bürowesen", "graphische Symbole", "Zeichnungswesen", "photonorm" sich fand - die "Informationsverarbeitungssysteme" waren ja noch ein relativ exotischer

Ausschuß. Womit beschäftigte man sich dort ? U.a. mit Normung graphischer Zeichen (Piktogramme) für öffentliche Bildinformation, aber auch mit fachlichen Terminologien, z.B. für Bibliotheken/Verlage oder den Druckbereich, mit "Länderkürzeln" (die heute u.a. internet top-level domain-Namen sind) u.a.m. Dieser Einstieg gab denn nach einiger Zeit auch den Anstoß, sich immer weiter in den angrenzenden, ebenfalls mit "Information" beschäftigten Gebieten umzutun, nachzuholen, was man im Studium versäumte oder nicht belegen konnte - von "Bibliothekswesen" und "Archivwesen", "Klassifikationsforschung", "Mediendokumentation", "Terminologielehre", "Industriedokumentation", "Logistik/Informationsmanagement" über "Verlagswesen" zu "Linguistik", "Schrift - Sprache - Laut-/Graphem-Konversion", "Textwissenschaft", "Ikonographie", "Informationspsychologie", "Editionswissenschaft", "Fachtextforschung", "Verlagsmanagement", "schriftliche Informationsgestaltung", "Verwaltungsinformation", "Informationsökonomie", "Planungs- und Modellierungstechniken": überall spielen wesentliche Aspekte der Information und ihrer Wissenschaft hinein. Und in diesem Fachausschuß hatten die in den 1970er Jahren noch teilweise starken Reibereien und Fehden der Bibliotheks- und Archivwissenschaft mit der jungen Informationswissenschaft kaum Chance oder Auswirkungen - vielleicht ein durchaus zukunftsweisendes, progressives Element. Gelegenheit und Anwendung für solche Arbeiten gab es darüber hinaus auch in einem entsprechenden Fachkomitee der damaligen DGD, dem KTS (Komitee Terminologie und Sprachfragen) - auch ein "offspring" der Informationswissenschaft. Also von 1978 bis Ende 1993 etwas so Staubtrockenes wie "Normung". Und heute? Wo sich tiefer greifendes Interesse in einen so weiten Bereich ausfächert, und bei nach wie vor kontinuierlichem Interesse an soziologischen und inzwischen auch philosophischen Themen (ja, ich würde dieselbe Studienfachkombination heute wieder wählen) liegt ein Kennenlernen eines ebenfalls wesentlich mit Informationsfragen berührten Bereiches, in dem diese vielleicht noch am wenigsten systematisch reflektiert werden, nahe - das Museumswesen, konkret am Institut für Museumskunde in der Stiftung Preußischer Kulturbesitz zu Berlin.

Der eher traurige Anlaß der Abwicklung der Berliner Informationswissenschaft ist auch nochmals Anlaß, doch noch einmal aufzuschreiben und damit deutlich auszusprechen, was die offenkundige Überlegung während all der vergangenen Jahre war und (von einer einmal stattfindenden Solidaritätsaktion abgesehen) doch öfter hätte artikuliert werden sollen - aber selbst wenn man einigermaßen regelmäßig, in groben Zügen der Entwicklung des Faches zu folgen sucht und sich auch einmal am LaiLuMu beteiligt: wer mischt sich dann ohne weiteres und ohne Kenntnis des hochschulinternen Hintergrundes öffentlich ein ? Gesagt zu werden galt dennoch dieses: Ist es nicht extrem paradox, daß in einer Zeit, in der umfassender denn je (und in der Reformzeit 1969 ff. war es schon intensiv genug) von "Informationsgesellschaft", "Information als Schlüssel" usw. die Rede ist, alle die (wenigen) Stellen, an denen Informationswissenschaft als Fach gelehrt wird, mit großen Schwierigkeiten kämpfen und sie an einer Stelle am Ende dann sogar eingestellt wird ? Der Vorteil der Berliner Informationswissenschaft, deren Anfangsphase mit einem Aufbau-Engagement Gernot Wersigs und einem auch emotionalem Zusammenhalt der Studierenden und Lehrenden im Studium und weit darüber hinaus ich selbst miterlebt habe, den man sich unter heutigen (Hochschul)Bedingungen überhaupt nicht mehr vorstellen kann, lag gewiß darin, daß sie nicht einseitig technikfixiert war, sondern immer den sozialen Kontext intensiv bearbeitet hat. Vor allem aber lag er darin zu zeigen, daß die intellektuelle Architektur von Information der entscheidende Punkt ist, welches ihre Komponenten sind und wie man damit umgehen kann. Die oben aufgezählte breite Palette von informationsrelevanten Bereichen hat darin ihren gemeinsamen Bezug, und die Informationswissenschaft ist es, die für diese eine gewisse gemeinsame Basis stiften als auch gewisse Kernelemente erforschen kann - was den Einzelfächern allein kaum möglich ist und, geschähe es doch, in einer zusammenhanglosen Vielzahl von untereinander kommunikationslosen Doppel- oder Dreifacharbeiten geschähe.

a.ermert@smb-spk-berlin.de

Sabine Herrmann und Michael Rausch

Das Einstellen des Faches Informationswissenschaft an der FU Berlin ist wirklichkeitsfremd. Wir erleben es täglich: Die Organisation von Wissen und die Optimierung von Informationsströmen sind wichtige Topics im Bereich Marketing und Business-Kommunikation, in dem wir jeweils mit eigenem Unternehmen tätig sind. Wir wissen heute zu schätzen, wie visionär und zukunftsorientiert die Themen unseres Faches damals (Ende der achtziger Jahre) waren. Sorry Gernot, war aber auch wirklich nicht immer einfach zu erkennen. Btx-Suchbäume und Thesaurus-Klassifikationen waren damals nicht unser Ding und sind es auch später nie geworden. Dafür haben uns „Nora/Minc" oder die „Kommunikative Revolution" mehr als nur entschädigt. Was uns beiden heute noch wichtig ist: Die Fähigkeit, in ganzheitlichen Zusammenhängen zu denken, zu formulieren und zu arbeiten, haben wir bei Wersig gelernt. Unser besonderer Dank auch an Marianne Buder, Werner Rehfeld, Petra Schuck-Wersig, Thomas Seeger und Gerhard Vowe. Sabine Herrmann, publicum Agentur für Unternehmenskommunikation - Michael Rausch, arm&strong Marketingkommunikation.

m.rausch@arm-strong.de , publicum@t-online.de **(30.10.)**